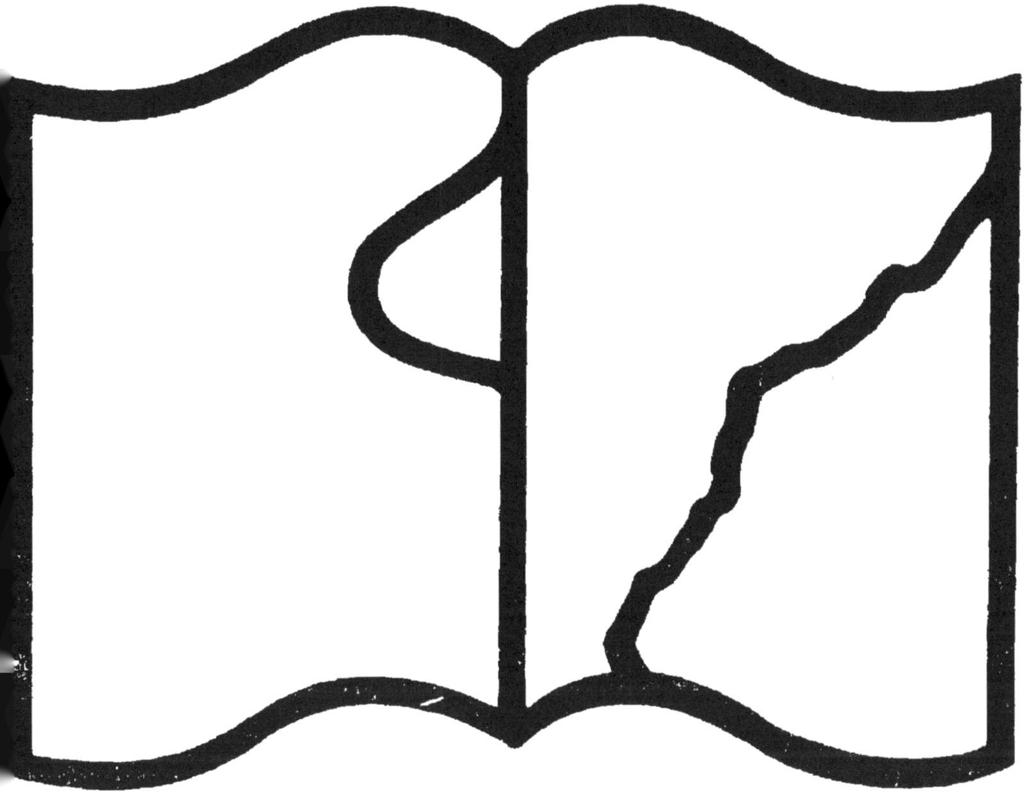

Texte détérioré — reliure défectueuse

NF Z 43-120-11

Contraste insuffisant

NF Z 43-120-14

CONSIDÉRATIONS

SUR

LA LÉGISLATION MILITAIRE.

CONSIDÉRATIONS

SUR

LA LÉGISLATION MILITAIRE.

PAR LE COMTE FRANÇOIS FOURNIER,

Lieutenant-Général des Armées du Roi, Chevalier de l'Ordre royal et militaire de Saint-Louis, Commandant de la Légion d'honneur.

A PARIS,

DE L'IMPRIMERIE DE Mme VEUVE AGASSE,

RUE DES POITEVINS, N° 14.

1815.

AVERTISSEMENT.

Ces Considérations, soumises au ministre de la guerre, ne sont, pour ainsi dire, que l'introduction à un ouvrage entrepris sous les auspices de son prédécesseur ; elles indiquent un système, et n'en sont point le développement.

Je suis entré dans des détails lorsque j'ai parlé de *la Justice militaire*, parce que j'ai cru devoir signaler avec force des abus monstrueux, pesant également sur les citoyens et sur l'armée, et que d'anciennes études m'ont rendu moins étrangère cette partie de la législation.

L'essai que je présente aujourd'hui est à peu près terminé depuis quatre mois, et il faut se *reporter à cette époque* pour apprécier, à certains égards, plusieurs des propositions qu'il renferme.

Les travaux immenses du ministère n'ayant pas permis à M. le général comte Dupont d'entendre la lecture de mon travail, je pensai qu'il en prendrait plus facilement connaissance après l'impression, et qu'alors l'opinion de mes camarades se réunirait aux instructions du ministre, pour rectifier mes erreurs et me servir de règle dans la continuation de mon ouvrage.

Je ne me suis point dissimulé que quelques-unes de mes opinions pourraient paraître, à certaines personnes, trop fortement marquées des couleurs militaires; je ne crois pas, cependant, qu'aucune prévention de métier les ait influencées. J'ai voulu ne consulter que la raison et l'expérience, et je sais, en les présentant à M. le maréchal duc de Dalmatie, que j'ai pour juge l'homme d'état et l'homme de guerre.

Si, en parlant de la nécessité des camps pour créer des armées, je me suis exprimé avec assurance sur une mesure aussi importante, c'est que je m'adressais à l'un des capitaines dont le corps d'armée, formé dans le camp de Boulogne, marqua si glorieusement sa place aux champs d'Austerlitz.

Le cœur d'un soldat ne peut se détacher de l'armée. Dans la paix comme dans la guerre, il éprouve le besoin de s'occuper d'elle : c'est ce besoin qui me conduit, me presse, et sera toujours mon excuse.

CONSIDÉRATIONS

CONSIDÉRATIONS

SUR

LA LÉGISLATION MILITAIRE.

La France, comme les autres Etats du continent européen (1), entretient une force armée permanente pour sa défense et sa sûreté.

Il y a donc, pour tout Français, l'obligation première et sacrée de concourir à la formation et à l'entretien de l'armée.

De-là dérivent d'abord les lois sur le recrutement.

Après la loi du recrutement, qui donne les élémens de la formation de l'armée, vient la loi d'*organisation* qui la constitue.

L'armée ainsi organisée doit avoir un mode

---

(1) La constitution anglaise n'admettant pas la *permanence de l'armée*, les lois militaires en Angleterre, celles surtout qui règlent l'administration de la justice dans l'armée, doivent essentiellement différer des lois militaires françaises : c'est une observation dont l'application sera fréquente, et qu'il ne faut pas perdre de vue.

d'avancement, et des réglemens d'administration.

Enfin, des lois et des tribunaux militaires protègent la sûreté intérieure de l'armée, et celle de l'ordre social relativement à l'armée.

C'est dans cet ordre que nous allons présenter nos considérations. Tel est le cercle que nous allons parcourir.

En traitant de la législation militaire, nous nous abstiendrons de parler de l'art de la guerre. Nous laissons de si hautes méditations à nos maîtres dans cet art.

INSTABILITÉ DE L'ÉTAT DE L'OFFICIER FRANÇAIS DEPUIS 1792.

AVANT de parler de la loi du recrutement, nous dirons, dans l'intérêt du Gouvernement et dans celui de l'armée, que le citoyen appelé à la profession des armes doit connaître, en même temps, les *avantages* que l'État lui assure, en indemnité des sacrifices qu'il exige. En première ligne de ces avantages se trouvera la garantie, qu'un grade acquis dans les armes est une propriété inviolable.

Depuis 1792, l'état de l'officier français a été précaire. Le même pouvoir qui conférait des grades et des emplois, sans règles fixes, en dépouillait arbitrairement.

Sous le Gouvernement des Comités de la Convention, un officier était destitué au nom du Peuple; sous le Directoire exécutif, au nom de la Loi; sous Napoléon, au nom de l'Empereur; mais toujours la main du Gouvernement frappait sans l'intervention des tribunaux, c'est-à-dire, dans un moment où l'officier destitué devait encore être considéré comme non coupable.

Si quelquefois le prévenu d'un crime était traduit devant un tribunal militaire, le chef du Gouvernement, ou le général qui déterminait la formation et la composition du tribunal, pouvait, à peu près, s'assurer d'avance du jugement qui allait atteindre sa victime.

Antérieurement à l'année 1789, la finance encore attachée à certains emplois militaires, et le droit exclusif de les occuper, affecté au privilége de la naissance, étaient un abus contraire à la bonne constitution d'une armée et à l'indispensable discipline.

A cette époque, il est vrai, le souverain ne dépouillait point arbitrairement un officier de son emploi; mais souvent le coupable, qu'un tribunal aurait dû frapper, se trouvait sous la protection de préjugés si puissans, que la justice ne pouvait le poursuivre sans se conformer à des convenances dont l'empire était très-étendu : il fallait considérer le droit de finance, l'esprit des corporations, les égards dus à la noblesse : aussi s'attachait-on moins à ce que le coupable fût puni, qu'à faire disparaître les traces du crime, en laissant au temps le soin d'amener l'oubli.

Ces usages, restes de l'ancien système féodal, étaient dans le fait une usurpation de l'autorité du Roi, et un attentat contre les droits du chef de l'armée.

Tous ces préjugés ont disparu. Ont aussi disparu les Gouvernemens révolutionnaires et despotiques qui ont pesé sur la France, et avec eux doivent être anéanties les formes de procéder non établies par la loi, ou contraires à la loi.

Une maxime proclamée par notre monarque, dans le préambule de la Charte constitutionnelle, est la première règle de toute législation : « Apprécier les progrès toujours croissans des » lumières. »

L'application de cette maxime assure à l'armée des lois adaptées au caractère fier et généreux du militaire français, et à son esprit éclairé.

Du recrutement de l'armée.

La loi sur le recrutement de l'armée est une loi première et fondamentale.

La conscription a été abolie par la Charte

constitutionnelle et par le vœu des Français; mais quel mode de recrutement la remplacera?

La France ne peut assurer son indépendance qu'avec une armée et des sacrifices.

Et il ne lui suffit pas d'entretenir une armée active : elle doit renfermer dans son sein des élémens propres à renforcer, à doubler sur-le-champ cette armée, qui vivra dans les casernes et dans les camps.

La haine des mesures horribles qui furent comme ajoutées à la loi de la conscription, doit nous tenir en garde, afin que ce sentiment n'agisse pas avec trop d'extension sur les dispositions de la nouvelle loi.

Quelle est notre position politique et militaire, relativement aux autres puissances de l'Europe (1)? Qu'exige l'honneur du peuple français et la majesté du trône de son Roi? Quelle est aussi la situation de nos finances?

Voilà ce que tout vrai Français desirera que

---

(1) La Prusse et la Bavière viennent d'appeler, pour ainsi dire, toute leur population sous les armes. — Celle de la Russie est toujours à la disposition de l'empereur Alexandre, dont les ukases peuvent faire mouvoir et rouler les générations du Nord. — L'Autriche peut armer des soldats depuis les confins de la Hongrie et de la Bohême, jusques aux frontières de Naples et des États romains, en embrassant presque toute l'Italie. — Une armée anglaise est cantonnée dans la Belgique.

l'on considère, en même temps que l'on aura égard à l'état actuel de l'agriculture, à nos relations commerciales, et aux ravages long-temps exercés dans notre population.

L'armée réclame, pour son recrutement, une loi qui sera le préalable et la base de toutes les autres lois militaires. Cette loi tutélaire est sans doute dans la pensée du souverain. J'ai indiqué seulement quelques règles générales; je ne devancerai point indiscrètement la manifestation des desseins de Sa Majesté.

ORGANISATION. — NÉCESSITÉ DE CHANGER QUELQUES DÉNOMINATIONS, ET DE PRÉCISER QUELQUES ATTRIBUTIONS.

L'ORDONNANCE du Roi, du 12 mai dernier, règle le nombre et la force des régimens de toute arme; elle conserve les divers grades précédemment reconnus dans les corps, et leur dénomination.

Rien, sur ce point, n'étant changé pour l'état-major, on connaît dans la classe des officiers de l'armée française et on reconnaît seulement:

Des maréchaux de France;

Des lieutenans-généraux;

Des maréchaux-de-camp;

Des adjudans-commandans (1) (grade de colonel) ;

Des colonels de régiment ;

Des majors ;

Des chefs de bataillon et d'escadron ;

Des capitaines ;

Des lieutenans ;

Des sous-lieutenans.

Quoique ces divers grades soient nominativement désignés et bien reconnus, il est devenu nécessaire de faire à ce sujet quelques observations qui se rattachent au principe de la hiérarchie militaire, dont on s'est écarté dans les dernières campagnes.

Nous observons d'abord que les ordonnances du Roi déterminant ce qu'est un régiment, et

---

(1) Je desirerais que la dénomination vague et insignifiante d'*adjudans-commandans* fût changée en celle de *colonels de l'état-major*, qui indiquerait pour ainsi dire les fonctions de ces officiers supérieurs et leurs attributions.

Je desirerais également que la dénomination de *chef de bataillon* et *d'escadron* fût changée en celle de *lieutenant-colonel*, ou en celle de *commandant* de bataillon et d'escadron. Le mot *commandant* est le seul usité dans l'armée, pour désigner un chef de bataillon ou d'escadron. Le soldat ne s'est jamais servi d'une autre expression, et elle a prévalu dans l'usage.

quelle doit être sa composition; il doit être également statué sur la composition nécessaire d'une division et d'une brigade.

Souvent, dans les dernières campagnes, deux régimens de cavalerie, réunis sous le même commandement, formèrent une division, et la réunion de quatre régimens portait en même temps le nom de *brigade*. Cette confusion dans les termes en apporte nécessairement dans le service.

Cela nous amène à émettre le vœu qu'une armée soit toujours commandée par un maréchal de France, une division par un lieutenant-général, une brigade par un maréchal-de-camp.

Dans le cas de mort ou de maladie d'un général commandant une armée, une division ou une brigade, et dans l'impossibilité de trouver sur-le-champ un général de son grade pour le remplacer, l'officier du grade immédiatement inférieur doit *forcément* être appelé; mais cet *interim* ne doit durer que le temps rigoureusement nécessaire pour que le général du grade analogue au commandement vacant vienne en prendre possession.

Dans l'intérêt de la discipline, et pour éviter toute désobéissance, déguisée ordinairement sous la forme d'*observation*, ne plaçons jamais un officier sous le commandement de son égal en grade.

La justesse de cette observation a été justifiée trop

trop fréquemment par des événemens funestes à nos armes.

Un maréchal de France a très-rarement obéi sans répugnance, et même sans murmure, à un autre maréchal : presque toujours il a apporté dans son obéissance, des restrictions, un esprit de censure, et la volonté de ne pas contribuer à la gloire de son général.

En faisant de semblables dispositions pour le placement des généraux, Napoléon apercevait d'avance leur funeste résultat ; mais il sacrifiait tout à sa politique ombrageuse et à sa jalousie.

Les observations que nous venons de présenter, reçoivent surtout leur application dans l'action de la justice militaire.

Ici, le supérieur ne peut être que l'officier du grade plus élevé, et non l'officier qui exercerait momentanément un emploi au-dessus de son grade.

Quand il s'agit de l'exercice d'un pouvoir qui porte sur la liberté, l'honneur, la vie d'un militaire, dans un ordre judiciaire, où le supérieur traduit en jugement l'inférieur et fait à cet égard les fonctions d'un jury d'accusation, il faut le caractère de supérieur bien constaté, et il ne peut l'être que par la supériorité du grade.

Cependant, il est pénible de le dire, d'après les dispositions de nos lois actuelles, un maréchal-de-camp qui commanderait une division territoriale (par *interim*), aurait à l'égard des conseils de guerre les attributions du lieutenant-général; tandis que pour les honneurs du cérémonial, les décrets, dits impériaux, ne lui accordent que ceux attribués à son grade de maréchal-de-camp; règle absurde, ridicule et flétrissante pour la nation qui l'adopterait, puisque, suivant cette règle, l'étiquette y serait en plus haute considération que la justice.

Précisons enfin et fixons plus clairement les attributions de certains grades, et les relations de service entre certains officiers.

Quelles sont les véritables fonctions d'un chef d'état-major d'armée et de division? Quelles sont les véritables fonctions, le véritable service d'un officier d'état-major, et notamment du colonel, appelé adjudant-commandant?

Que doit-on exiger de ces officiers en connaissances, en talens, pour qu'ils se montrent dignes de leur emploi?

Trop souvent les nominations d'officiers d'état-major ont été faites précisément en raison inverse des principes militaires et de toute convenance.

Et quel a été souvent aussi le résultat de ces fausses vues, de ces déplorables erreurs!

Dans la ligne, même confusion.

Des chefs de corps prétendent qu'ils ne doivent compte de l'administration de leur régiment qu'aux inspecteurs-généraux, à qui l'inspection en a été confiée par le Roi.

Des généraux de division ou de brigade, qui, dans l'intérêt de la discipline et du service, ont cru devoir porter quelquefois un œil scrutateur sur l'administration des régimens placés sous leur commandement, ont éprouvé, de la part des colonels, des refus et une désobéissance motivée sur les réglemens de comptabilité, et sur les ordres de l'inspecteur-général.

Des majors ont prétendu, *à leur tour*, qu'ils étaient institués autorité indépendante du colonel, en ce qui concernait certains détails dont ils étaient exclusivement chargés; qu'étant, à cet égard, responsables envers le Gouvernement, ils ne devaient pas être astreints à exécuter passivement les ordres du colonel, ni être assujettis sur ce point aux règles de hiérarchie et de discipline qui lient l'inférieur au supérieur.

Autrefois un colonel ne se mêlait d'administration ni de comptabilité; il avait seulement un droit de surveillance qu'il n'exerçait jamais. Aujourd'hui les colonels veulent commander et administrer, parce qu'ils répondent également (disent-ils) du bon esprit de leur régiment, de sa tenue et de son instruction.

On peut opposer à de telles prétentions, des

objections bien puissantes. Ne doit-il pas y avoir constamment auprès de l'officier chargé de l'administration d'un corps, un surveillant immédiat? Peut-on réunir sur la même tête le droit d'administrer et de surveiller l'administration?

Cette dernière attribution de surveillance, à laquelle on donnerait la plus grande extension, ne serait-elle pas suffisante pour l'autorité du colonel, en même temps qu'elle lui conserverait intacts, dans l'esprit du soldat, la considération, le respect et l'amour dus au bon père de famille?

Mais il faudrait rendre en même temps aux colonels des attributions confiées mal-à-propos aux conseils d'administration, parce qu'elles sont du domaine de la discipline.

Ce n'est point à une autorité purement administrative à donner son opinion sur le mérite, les qualités, les actions militaires d'un officier, surtout en temps de guerre.

Le droit de délivrer un congé limité ou illimité, c'est-à-dire, de délier un soldat de ses devoirs, comme militaire, comme subordonné, doit appartenir à son chef, qui prononce d'après des formes prescrites, et sous l'approbation de l'inspecteur-général délégué par le ministre de la guerre.

Les conseils d'administration ne doivent s'immiscer que dans l'emploi de fonds et la vérification de la comptabilité; mais en cela ils doivent être absolument indépendans de l'autorité du colonel. C'est la composition de ces conseils qui assurera leur indépendance, mieux encore que les réglemens qui fixeront leurs attributions.

Les officiers supérieurs du régiment, et quatre capitaines, sous la présidence du colonel, doivent seuls former les conseils d'administration. Je voudrais pour chacun d'eux une responsabilité réelle et non illusoire.

Une telle composition exclurait toute idée de corruption, de malversation, et assurerait l'indépendance des votes.

Les conseils d'administration, rarement convoqués pour délibérer, n'ont été long-temps que des êtres de raison. Chaque membre du conseil signait en quelques minutes, dans sa chambre, cinquante arrêtés inscrits d'avance sur un registre que lui envoyait le quartier-maître par ordre du colonel. Aussi nous n'hésitons pas à prononcer, qu'en ce qui concerne les fonctions et les attributions des conseils d'administration régimentaires, les anciens usages étaient préférables à tout ce qui a été pratiqué depuis 1792.

Avancement. — Destitution.

Une loi ayant force de constitution militaire

doit fixer invariablement le mode de l'avancement dans les troupes françaises.

Pendant long-temps encore, il y aura, sans doute, peu de promotions à faire. N'est-il pas juste, politique, économique de disposer des emplois qui viendront à vaquer, en faveur des officiers rentrés dans leurs foyers avec la demi-solde, par suite de la réduction de l'état militaire, et qui doivent être considérés comme disponibles jusqu'à leur remplacement ?

Il ne peut y avoir d'autre règle pour la nomination d'un officier-général, d'un colonel, d'un major, que la volonté du Roi et la confiance de Sa Majesté dans le mérite de l'officier qu'il juge à propos de nommer à de tels emplois.

Mais aucun officier ne devrait être élevé à un nouveau grade qu'après avoir servi dans le grade *immédiatement* (1) inférieur; savoir, les capitaines, lieutenans et sous-lieutenans, pendant un an au moins en temps de guerre, et deux ans en temps de paix ;

---

(1) Sans des règles invariables pour l'avancement militaire et pour fixer les pensions de retraite, il pourrait arriver un jour que la créature d'un homme tout-puissant obtînt, dans le même mois, le grade de sous-lieutenant, celui de colonel, de général, et le *maximum* de la pension de retraite accordée à ce grade. Serait-ce une digne application des impôts destinés à entretenir et récompenser l'armée ?

Et les commandans de bataillons et d'escadrons, les colonels et les maréchaux-de-camp pendant deux ans au moins en temps de guerre, et quatre ans en temps de paix.

Depuis le grade de sous-lieutenant jusqu'à celui de commandant de bataillon ou d'escadron inclusivement, il y aurait quatre tours d'avancement.

Sa Majesté accorderait au premier tour, la récompense des actions d'éclat; au second tour, la récompense due à l'ancienneté de grade; le troisième tour serait pour le régiment, de manière que les égaux en grade désigneraient le candidat, et que les supérieurs immédiats l'éliraient sous l'approbation de Sa Majesté; enfin, par le quatrième tour, qui ne porterait que sur les sous-lieutenans, le Roi récompenserait, dans les enfans, les services des pères de famille qui se seraient signalés à son service, ou auraient consacré leurs fils au métier des armes.

Ce mode d'avancement offrirait de l'encouragement et donnerait une garantie à l'ancienneté des services, à la bonne conduite et à la valeur qui produit les actions d'éclat.

La loi du 14 germinal an 3 réunissait plusieurs de ces avantages. Sous le dernier chef du Gouvernement, dont les volontés remplaçaient constamment la loi, elle ne fut jamais exécutée. L'armée perdit l'une des bases de sa véritable force;

la constitution des régimens devint plus faible; des enfans sortant des Lycées avec le grade de sous-lieutenant, et qui, préparés dans les dépôts, seraient devenus un jour des officiers de distinction, étaient envoyés en foule à l'armée. Mais faibles, inexpérimentés, impropres au service de la guerre, incapables d'en supporter les fatigues, ils venaient, pour la plupart, encombrer les hôpitaux militaires, et y périr avant d'avoir vu l'ennemi. Ils apportaient le découragement, le désespoir dans cette classe si utile, si essentielle, qu'un bon chef devra toujours encourager, traiter avec égard et élever dans l'opinion du soldat; je parle des sous-officiers condamnés naguère par un Gouvernement qui feignait la popularité dans les camps, à n'obtenir de l'avancement que dans les revues qui suivaient des batailles, où l'armée se renouvelait presque en entier.

Donnons de l'émulation au sous-officier, en lui rendant l'espoir et un traitement honorable; que le soldat considère, à son tour, le galon de sergent et de maréchal-des-logis comme une noble récompense, et qu'elle soit l'objet de son ambition;

Que le sous-officier ne soit plus assujetti à des punitions humiliantes, ni confondu avec le soldat;

Qu'un réglement détermine le cas où il devra être déchu de son grade;

Que

Que le colonel, assisté des officiers supérieurs du régiment, après avoir pris leur avis consultatif, et sur la proposition nécessaire du capitaine du prévenu, prononce, dans cette espèce de conseil de famille, que le sous-officier coupable doit quitter ses galons.

La discipline militaire ne permet pas d'accorder davantage au sous-officier.

Sa nomination doit appartenir au colonel du régiment, qui choisira sur une liste de trois candidats présentés par le capitaine de la compagnie où l'emploi sera vacant.

Cette initiative de présentation doit être dévolue à plusieurs titres au capitaine, premier juge des qualités d'un sujet de sa compagnie, qui se trouve si intéressé au maintien du bon ordre, de la tenue, de l'instruction, et qui d'ailleurs en est responsable envers son chef.

En traitant avec distinction le sous-officier, il s'élevera et se mettra au niveau de ces distinctions : tel est l'homme, et surtout le soldat français.

Et ce sous-officier n'a-t-il pas besoin de la protection, des égards du colonel, et de la considération de tous, pour obtenir une obéissance prompte et passive d'un soldat naguère son camarade, qui est entré au service avec lui, qui a toujours vécu avec lui, et sera long-temps disposé à ne voir en lui que son égal ?

L'officier, au contraire, par sa fortune, ses habitudes, ses épaulettes, n'a pas besoin, pour se faire obéir du soldat, d'être considéré par lui comme un agent du Roi. Il est bien moins rapproché de ce soldat que le sous-officier ; il exige moins fréquemment l'obéissance ; et lorsqu'il paraît devant la troupe, son habit a déjà tout obtenu.

Long-temps colonel d'un régiment de hussard, c'est le résultat de mes observations que je présente. L'application de ces principes ne m'a jamais trompé : je suis convaincu d'avance, que tout régiment où la classe des sous-officiers est bonne, est lui-même un très-bon régiment, et qu'il le sera long-temps.

En faisant don à l'armée d'une constitution militaire qui assurerait au soldat, au sous-officier et à l'officier des droits certains à l'avancement, le Roi ferait statuer qu'aucun officier ne pourrait être destitué s'il n'avait commis un crime emportant sa dégradation, qui serait alors prononcée par un tribunal compétent, et d'après des lois et des formes invariablement établies.

Un crime et le jugement qui le suit, peuvent seuls ôter à un officier son caractère, son épée et son traitement.

La propriété d'un emploi militaire, acquise par

de longues années de service, par de nombreux travaux et de grands sacrifices, au milieu de mille périls, n'est-elle pas aussi sacrée entre les mains du possesseur, que celle d'un immeuble acquis avec quelques écus?

Ici, le contrat passé sous le sceau de l'honneur a été cimenté par le sang. Les droits qu'il consacre ne peuvent plus s'éteindre que dans le déshonneur et l'infamie, ou être méconnus que par la mauvaise foi et la tyrannie.

Si l'officier commet un crime, un tribunal le condamne, et il subit le supplice; ou si la loi ne punit pas ce crime de mort, le coupable n'a plus droit qu'aux alimens fournis par l'État aux condamnés.

Quant aux fautes, elles sont prévues par des réglemens de police et de discipline; elles sont réprimées par les supérieurs, et ne peuvent entraîner la destitution, qui est une peine terrible, une espèce de mort civile.

Un officier supérieur, un officier-général a dû nécessairement, pour parvenir à un grade aussi élevé, mériter plusieurs fois du Prince et de l'État : une faute même grave effacera-t-elle entièrement tant de services?

Nous disons aussi que le Gouvernement ne doit jamais imputer à crime, le défaut de talens, ni l'erreur.

Nous ajoutons que l'ancienneté de service ne donnant pas un droit positif à l'avancement dans les grades supérieurs, et toute nomination dans ces grades étant l'ouvrage du Gouvernement, il censurerait lui-même son choix, en prononçant une exclusion pour cause d'incapacité.

D'après tous les principes du droit, la résiliation d'un contrat remet les parties dans le même état où elles étaient avant son existence. Mais après avoir employé sa jeunesse et dépensé son patrimoine dans les armes, quel serait le sort de l'officier destitué sans jugement dans un âge déjà avancé?

De telles opinions n'auraient pu être énoncées il y a quelques mois; elles auraient été trouvées criminelles et attentatoires à la suprême autorité. Aussi, en proposant des lois, doit-on considérer s'il y a justice, droiture, et libéralité dans le Gouvernement.

Nous avons vu sous le dernier régime, des officiers destitués après vingt-cinq ans de service, sans qu'on eût daigné assigner un prétexte aux décrets de destitution. Dans son mépris des hommes et dans l'ivresse du pouvoir, Napoléon croyait au-dessous de sa majesté de donner d'autre explication à ses victimes, que la manifestation de sa toute-puissante volonté.

Et un officier-général, dépouillé de son état,

privé de son épée, sans avoir été entendu, sans qu'il pût se douter du motif de son infortune, était obligé, s'il n'avait aucune ressource patrimoniale, d'attendre dans le lieu d'exil, où il était conduit par des gendarmes, que la commisération publique lui fournît des alimens.

Si de tels souvenirs sont perdus pour la haine, qu'ils ne le soient pas pour la reconnaissance. En songeant, sans trop d'aigreur, aux injustices de Napoléon envers ceux qui l'avaient élevé de leurs bras, ayons devant les yeux la générosité paternelle du monarque, qui regarde comme services personnels tout ce qui, dans les armes, a illustré notre France, et qui vient garantir à ses officiers un état qui ne pourra plus être enlevé à aucun d'eux que par l'action des lois qu'ils auraient violées.

Réduction de l'armée. — Nouveau classement des officiers.

La paix a amené une réduction indispensable dans nos forces militaires, et cette réduction commande des sacrifices.

Le Roi a voulu qu'ils fussent adoucis par tout ce que sa libéralité paternelle pouvait accorder, sans qu'elle devînt trop onéreuse à son peuple.

Mais pour rendre ces sacrifices moins pénibles

à l'armée, il faut donner aux officiers de tout grade la conviction qu'il y a eu justice et impartialité dans leur classement.

Sa Majesté a rendu à ce sujet, le 12 mai dernier, une ordonnance pour les officiers de la ligne. Il serait à desirer que les dispositions de cette ordonnance n'eussent jamais été interverties ni éludées, et que la même règle se fût appliquée indistinctement à tous.

Le premier travail de la réorganisation des corps a été nécessairement vicieux. En faisant concourir, par exemple, les colonels selon l'*amalgame* des régimens, il a dû en résulter que le colonel exclus, comme moins ancien que son concurrent, était toutefois beaucoup plus ancien que vingt autres de ses camarades conservés titulairement par l'effet d'une ancienneté relative. Ainsi l'ordonnance du Roi a été absolument illusoire. Les citations pour le prouver seraient faciles et nombreuses, mais il est toujours temps de faire justice.

S'il en était autrement, que pourrait-on répondre à un officier qui, l'ordonnance du Roi à la main, s'écrierait : « Voilà mes états de service; je suis le plus ancien en grade de mes compétiteurs; j'ai reçu plus de blessures; j'ai fait plus de campagnes, et la faveur ou l'erreur a donné la place au plus jeune?..... »

Que répondre encore à un ancien officier renvoyé dans ses foyers pour suppression de son emploi, s'il pouvait s'écrier: « Vous avez créé des » emplois nouveaux pour des hommes nou» veaux, qui n'ont jamais ceint l'épée? »

Ainsi, lorsque, dans les distributions des croix de Saint-Louis, un sous-lieutenant imberbe aurait obtenu plutôt qu'un vétéran les décorations que les statuts de l'Ordre donnent à l'ancienneté des services, n'y aurait-il pas eu en même temps injustice criante, et motif de déconsidération pour la plus noble des institutions?

Et si, pour l'avancement dans la Légion d'honneur (en temps de paix et à part toute action d'éclat ou service signalé), un officier voit son cadet dans les armes promu avant lui, ne peut-il pas se plaindre d'une exclusion qui l'abaisse et l'humilie?

Une autorité qui prononcerait en jury souverain sur les qualités et le mérite des officiers, en isolant sa décision des états de service de ces officiers, ne s'exposerait-elle pas à commettre les plus graves erreurs, les plus insignes injustices?

Il est bien plus noble, plus équitable de consacrer que les services des officiers doivent être la conscience d'un ministre de la guerre dans son travail du personnel avec le Roi.

Lorsque, dans l'état militaire, on n'est pas traité suivant son rang, on est déchu de son rang; et souvent un acte de justice trop tardif ne répare pas entièrement une première injustice.

Ce qu'on appelle *passe-droit*, dans les armées françaises, y a toujours été d'autant plus odieux, qu'il porte avec soi l'injustice et l'outrage. Il peut exciter à la haine de l'autorité, fomenter l'insubordination, jeter des hommes dans le désespoir, et les rendre aveugles dans leur furie.

Passe-droit et *masse noire* ont été les mots de ralliement jetés dans les régimens au commencement de la révolution, pour les désorganiser.

Voici, ce me semble, une considération que tout dépositaire du pouvoir doit sans cesse avoir devant les yeux. Le passe-droit, profitable à un seul, nuit aux droits de cent autres.

L'homme pour qui on fait ce passe-droit se croit assez ordinairement dispensé de reconnaissance, et acquitte rarement une injuste faveur par de grands services.

Ceux qu'une injustice blesse, outrage, sont actifs dans leur ressentiment; et, dans ce cas, l'injustice n'est pas même excusée par la politique.

On ne concevra jamais un bon système d'administration pour le personnel, sans des règles fixes, observées en toute rigueur.

De

De telles règles paraissent toujours justes, parce qu'elles portent également sur tous; et alors elles obtiennent soumission de tous, sans laisser de place au murmure.

Mais une seule exception à la règle met tous les amours-propres en mouvement et toutes les intrigues en jeu.

Dans le premier cas, le ministre est débarrassé des recommandations, des patronages et des interminables audiences : un tableau exact indique à chacun son tour, son rang et ses droits.

Dans l'autre, une première violation de la règle peut conduire à mille injustices (1) : elle

---

(1) EXEMPLE.

M. le comte Oudinot, fils de M. le maréchal duc de Reggio, officier supérieur dans les chasseurs à cheval de l'ancienne garde impériale, fut nommé colonel du régiment du Roi (hussards) dans le mois de mai dernier.

Cette faveur signalée fut accordée aux services éminens du maréchal duc de Reggio, son père.

Le jeune colonel Oudinot, officier de distinction, et qui a marqué brillamment ses premiers pas dans la carrière, eut pour compétiteur M. le colonel Clary, colonel du premier régiment de hussards, incorporé dans le régiment du Roi (même arme).

L'ordonnance du Roi du 12 mai dernier donnait le régiment au plus ancien colonel; M. Oudinot était le plus jeune.

doit être la source de mille importunités pour obtenir de semblables faveurs, et d'autant de

---

On parut croire que le régiment du Roi étant un corps privilégié, la nomination du colonel de ce corps ne devait pas être assujettie à la règle générale, et M. Oudinot fut déclaré colonel titulaire du régiment du Roi, hussards, à l'exclusion de M. Clary.

Mais l'ordonnance du Roi n'avait point établi de distinction pour certains régimens et pour certains colonels.

Alors l'intérêt général se porta sur M. Clary; et cet intérêt, s'élevant journellement, parvint jusqu'à un Prince, protecteur des braves, et dont la sollicitude est toute dirigée vers l'armée.

Son Altesse royale, dans un mouvement de générosité et de grandeur d'ame, crut ne pouvoir faire accorder trop de dédommagement à un officier qui lui parut injustement dépossédé.

Mais, d'après l'ordonnance du Roi, M. Clary ne devait point conserver le commandement d'un régiment, s'il restait à pourvoir des colonels de cavalerie légère plus anciens que lui.

On devait donc examiner si, par son rang d'ancienneté, M. Clary avait droit à la conservation de ce régiment.

M. Clary, naguère dans un service étranger, et dont presque tout l'avancement avait eu lieu à Naples ou à Madrid, ne pouvait prendre rang dans l'armée française que du jour où il était rentré dans cette armée.

Et surtout il ne pouvait prendre rang dans la cavalerie que du jour où il avait été nommé au commandement du premier régiment de hussards, puisqu'il était précédemment réclamations contre celles déjà accordées. Ce sera alors des travaux de tous les jours, de tous les instans.

---

colonel d'un régiment d'infanterie de la garde royale d'Espagne.

Les époques que nous venons de citer étaient récentes. M. Clary était rentré dans l'armée française en venant combattre avec elle dans les champs de *Lutzen*, et ce fut après la bataille de Bautzen, qu'en récompense d'actions de guerre et de services remarqués, il fut nommé colonel du premier régiment de hussards.

Il y avait donc dans l'armée française très-peu de colonels de cavalerie moins anciens que le colonel Clary.

Mais on ne vit que son rang d'ancienneté relativement au colonel Oudinot, et M. Clary, officier de bonne mine, intelligent, très-actif, profita de la disposition des esprits en sa faveur et de l'erreur commune pour tirer parti d'un événement qui semblait devoir lui être nuisible.

Il reçut d'abord la croix de Saint-Louis, que beaucoup de colonels et de généraux, bien plus anciens que lui, n'avaient pas encore obtenue.

Il fut ensuite promu au grade de maréchal-de-camp, comme si, dans tous les cas, il avait dû obtenir autre chose qu'un régiment, en remplacement de celui qu'il avait perdu; comme si, dans l'armée française, il n'y eût pas eu un colonel ayant droit à l'avancement par ses longs services, et dont le régiment eût été ainsi disponible pour M. Clary.

Il en résulte que, sans droits constatés pour être conservé comme colonel titulaire, M. Clary a pris le pas sur tous les colonels de l'armée française.

Et il pouvait arriver qu'il fût employé comme maréchal-

Les solliciteurs, en quittant la porte du ministre, iront assiéger celle des commis; on y verra en foule des généraux, que leurs services ni leurs grades ne pourront exempter de la loi de l'antichambre.

Le ministre et ses chefs de division perdront à leur tour le temps du travail dans de longues audiences, qu'on ne solliciterait plus avec autant d'obstination, si on était convaincu de leur inutilité.

Avec des principes certains et un ordre établi, on ne vera plus marcher si rapidement, et avec tant d'insolence, ces chevaliers d'industrie, en faveur auprès de tous les gouvernemens, dont

---

de-camp, lorsque de très-anciens généraux étaient réduits à la non-activité.

Que de gens blessés par un seul acte! et voilà où conduit la violation d'une seule règle.

J'ai cité cet exemple, parce que les personnages en sont marquans, et que cette affaire, dont le public a été occupé, n'a pas été présentée sous son vrai jour.

On m'a dit plusieurs fois que j'aurais dû signaler d'autres actes, où tous les principes et usages militaires ont été *méconnus*, au point que l'empreinte du ridicule a effacé celle de l'injustice; mais en m'occupant de cet ouvrage, je n'ai point songé à rédiger une chronique scandaleuse, ni à m'ériger en censeur, et je ne publie aucun fait, je ne me livre à aucun raisonnement, que dans l'unique objet de ramener aux principes et aux règles.

le crédit survivrait à mille révolutions, toujours dévoués, toujours admirateurs, toujours sincères, calomniant les gens d'honneur et de caractère, se plaçant partout, usurpant tout, semblables à ces joujous d'enfans, qui, renversés, culbutés à la moindre impulsion, sont aussitôt debout, par l'effet du plomb adapté à leur base (1).

Toutefois le droit de l'ancienneté me paraît susceptible d'une modification, ou plutôt d'une explication.

La loi favorable à l'ancienneté renferme nécessairement cette présomption, que l'officier le plus ancien a rendu le plus de services.

En thèse générale, cette présomption est juste et vraie.

Mais après une guerre de vingt ans, il se présente une question qu'il convient d'examiner.

N'y a-t-il pas beaucoup d'officiers, beaucoup de généraux qui ont été employés constamment dans l'intérieur, d'après leur choix, ou parce qu'ils ne pouvaient faire la guerre?

N'y a-t-il pas beaucoup d'officiers et de généraux qui, retirés volontairement ou par suite d'une réorganisation d'armée, ont eu une longue interruption dans leurs services? Aujourd'hui

---

(1) M. de. . . . ., long-temps persécuté sous le dernier régime, disoit dernièrement : « Que les favoris restent les » mêmes, pourvu qu'on change de proscrits. »

ils les lient par une activité qui généralement date de l'époque où Anvers et nos côtes furent menacés, ou de l'époque plus récente encore de l'invasion du territoire français.

Des officiers, des généraux, à la fin d'une guerre dont ils n'auraient partagé ni les dangers, ni les travaux, ni la gloire, pourraient-ils, sans autre titre qu'un plus ancien brevet, exclure de l'activité ceux qui l'ont toujours eue devant l'ennemi? Non, certes; et à ce sujet on doit reconnaître que le nombre des campagnes constitue relativement la véritable ancienneté de services. Celui qui a le plus fait la guerre est le plus ancien soldat.

Ne faut-il pas d'ailleurs considérer quelle dette immense a été payée à la mort par les officiers qui ont commencé à combattre en 1792?

Ne faut-il pas considérer que, sur cent officiers entrés dans la carrière, plus de quatre-vingts sont morts sur la route de l'avancement, et que les autres, devenus officiers supérieurs ou généraux, sont couverts d'honorables, mais cruelles blessures?

Ceux qui, sans avoir couru les chances des combats, se présenteraient, au moment de la paix, pour partager avec l'homme de guerre qui aurait survécu à ces chances, ceux qui seraient admis à compter l'interruption de leur service comme pleine activité, à raison d'un motif de retraite jugé honorable et loyal, devraient donc, en rigoureuse justice et avant tout partage, distraire de leur classe nombreuse le contingent qu'elle eût fourni à la mort, et prendre aussi leur part des blessures et des infirmités du vétéran.

Je propose donc, et principalement pour l'état-major de l'armée, de former trois classes d'officiers :

La première classe serait celle des officiers qui ont fait dix-huit campagnes et au-dessus ;

La second classe serait formée des officiers qui ont fait depuis douze jusqu'à dix-huit campagnes ;

La troisième classe comprendrait ceux qui peuvent compter depuis six jusqu'à douze campagnes.

Ces classes fourniraient successivement, en commençant par la première, les officiers appelés à l'activité de service et ceux réduits à la non-activité provisoire.

Dans chaque classe, l'officier qui compterait le plus de campagnes serait le premier appelé.

Les officiers qui ne seraient compris dans aucune de ces trois classes ne pourraient être appelés à l'activité de service que lorsqu'elles auraient été épuisées, quelle que fût d'ailleurs leur ancienneté de service.

Un nouveau travail d'organisation pour l'armée serait fait d'après ces bases ; en conséquence toute destination donnée jusqu'à ce jour serait censée révoquée, à l'exception des missions particulières.

Il y aurait pour la ligne, l'*état d'activité*, l'état de *non-activité provisoire* et la *retraite absolue*.

Je voudrais en outre pour les officiers-généraux, les officiers d'état-major et d'administration, l'*état d'activité temporaire*.

Les officiers ainsi placés en état d'activité temporaire seraient, 1°. ceux destinés à être employés dans les inspections générales d'armes; 2°. les officiers désignés pour les divisions de troupes et les brigades, dont il sera parlé ci-après; 3°. ceux à qui le ministre de la guerre aurait à confier des missions extraordinaires et d'urgence.

Les officiers en activité temporaire recevraient le quart en sus du traitement alloué aux officiers de leur grade réduits à la non-activité.

Cette solde serait à peu près intermédiaire entre celle de l'activité permanente et de la non-activité.

Lorsque les officiers mis en état d'activité temporaire seraient appelés par le ministre de la guerre, ils recevraient le traitement et les indemnités attribuées aux fonctions qui leur seraient confiées.

Sans doute les officiers en non-activité restent

tent disponibles, et peuvent être appelés à la volonté du ministre de la guerre (1); mais s'ils étaient assujettis à des déplacemens fréquens, et à entretenir des chevaux et des équipages dans l'objet de remplir des *fonctions momentanées*, la solde de la non-activité ne suffirait pas pour les indemniser des sacrifices qu'ils seraient obligés de faire. C'est pour assurer l'équivalent de tels sacrifices, que nous proposons d'accorder le quart en sus du traitement de non-activité à une classe d'officiers toujours prêts à exécuter les ordres du ministre, et alors les officiers en non-activité seraient considérés comme *disponibles du second ordre*.

Je propose de fixer le traitement de non-ac-

---

(1) J'ai quelquefois entendu proposer comme une question: si l'officier en non-activité était assujetti à exécuter les ordres du ministre de la guerre, relatifs au service: peut-il y avoir le moindre doute à cet égard?

Il est vrai que l'officier en retraite absolue est rentré pour toujours dans la classe ordinaire des citoyens; qu'il ne conserve de l'état militaire que son habit, son épée, des souvenirs glorieux, des titres aux récompenses, à la considération, et qu'il est dispensé de recevoir des ordres militaires.

Mais l'officier en non-activité reste disponible; il attend, pour marcher, que le service du Roi l'appelle; il ne peut donc différer d'obéir à tout ordre que le ministre de la guerre lui donne pour le service militaire; mais après avoir reçu de tels ordres, et en les exécutant, il est réellement en état de service, il se trouve en activité.

tivité, pour la ligne et pour les officiers supérieurs et ordinaires de l'état-major et de l'administration, à la moitié du traitement d'activité, en y comprenant la moitié de l'indemnité de logement et la moitié des rations de fourrages pour les officiers à qui les réglemens en accordent.

Je propose de fixer le traitement de non-activité provisoire, pour un lieutenant-général, à 10,000 fr. par an, et pour un maréchal-de-camp, à 7,000 fr.

Le traitement dit la *demi-solde* peut-il suffire à des généraux qui, ayant parcouru noblement la carrière, doivent la terminer dans l'aisance, sans laquelle la considération et les égards sont refusés aux services et au rang?

La demi-solde accordée aux généraux en non-activité n'est pas, à beaucoup près, la moitié du traitement que reçoivent, sous différens titres, les généraux employés.

Le ministre de la guerre a annoncé, il est vrai, dans une circulaire du mois d'août dernier, que les officiers à la demi-solde restant à la disposition du Gouvernement, il leur serait payé la moitié de l'indemnité de fourrages.

Mais pourquoi, d'après le même motif, ne pas accorder l'indemnité de logement?

A-t-on supposé que tout officier avait une

propriété immobilière ? Cette supposition serait une erreur. Tous les officiers sont présumés avoir un domicile, qui est généralement le lieu de leur naissance; mais tous n'y ont pas une *maison* à habiter.

En toute rigueur, la *solde* due à un général qui reste à la disposition du Gouvernement, devrait être le traitement ordinaire, distraction faite de toutes indemnités ; car ces indemnités ne sont accordées que pour représentation ou pour des dépenses extraordinaires, résultat nécessaire du service d'un officier-général.

Mais que cet officier-général soit employé ou cesse de l'être, dès-lors surtout qu'il demeure à la disposition du Gouvernement, il doit être logé, vêtu, et vivre suivant son rang.

Le traitement ordinaire des officiers-généraux n'est point au-dessus de pareils besoins.

Cependant la fixation que nous avons proposée ne s'élève point à ce taux ; mais, dans cette fixation, nous avons considéré l'état du trésor public et les circonstances difficiles où la France se trouve placée.

Et en comparant ce traitement des généraux français avec celui dont jouissent les généraux des grandes puissances militaires de l'Europe ; en considérant que la solde est à peu près la même depuis 1776, et que la valeur relative du signe monétaire en France a éprouvé un grand changement, on ne pourra nous accuser d'avoir voulu stipuler pour le luxe.

La différence entre le traitement alloué comme demi-solde aux lieutenans-généraux et maréchaux-de-camp en non-activité de service, et le traitement que je viens de proposer, s'éleverait à peine à *huit cent mille francs*; et cette somme serait nécessairement réduite chaque année. Ce n'est pas même un sacrifice demandé à la générosité, à la justice et à la politique de la nation française.

Mais ce traitement de non-activité provisoire devrait être régulièrement acquitté, car il va être alimentaire.

Nous savons tous que le cœur de notre Roi est allé, sur ce point, au devant de la raison politique; que le ministre de la guerre a solennellement annoncé les intentions de S. M. dans un avis du 29 août dernier : toutefois il n'est pas inutile de le dire, et de le répéter, pour que jamais cela ne soit perdu de vue dans les actes de l'administration.

Les officiers-généraux, après les pertes en tout genre qu'ils ont faites dans les dernières campagnes, se trouvent pour la plupart accablés de dettes. Ils avaient établi leurs dépenses sur une fortune qui a disparu.

C'est en considération du traitement de la

Légion d'honneur et des revenus des majorats, que *la solde de retraite avait été diminuée.*

Aujourd'hui plusieurs de ceux qui se trouveront réduits à la solde de non-activité provisoire, n'auront plus que cette ressource pour exister et faire exister leur famille.

On a souvent observé qu'il y avait un grand contraste entre les traitemens accordés au Sénat, et ceux réservés pour l'armée.

Pour moi, je ne comparerai ni les traitemens, ni la conduite, ni les services, ni la gloire du Sénat et de l'armée. Je n'irai point rechercher dans des événemens déjà loin de nous, quels sont leurs titres divers à la reconnaissance, à la générosité de la nation française et à l'estime de l'Europe.

Mais je puis dire sans amertume, que si l'état de nos finances commande des sacrifices et des réductions momentanées dans les traitemens, ils doivent frapper d'abord ceux qu'on pourrait appeler de luxe, et qui paraissent incompatibles avec la dignité de la pairie.

En revenant sur le classement des officiers, et après avoir observé de nouveau qu'il faut consulter d'autres règles que celles de l'ancienneté pour le choix des généraux appelés à des missions particulières, à commander en chef et à être membres du Conseil d'État et du Conseil de la guerre, je vais parler d'une mesure importante, que je regarde comme la première des institutions militaires.

Je propose qu'indépendamment des commandemens territoriaux, il y ait des commandemens de troupes par division et par brigade, de manière qu'une armée organisée et prête à marcher, soit sans cesse aux ordres du Roi. C'était l'esprit du titre XI de l'ordonnance du 25 mars 1776.

Cette armée ne serait rassemblée qu'à une ou deux époques de l'année; mais quoique les régimens fussent habituellement dans leurs garnisons, et la plupart des officiers et généraux dans leurs foyers, l'armée aurait cette force d'organisation qui supplée la force numérique, et ne peut être remplacée par elle.

Je voudrais donc que cette armée passât quelques mois de l'année sous la tente.

Les camps sont l'école du soldat, la source de la discipline, et préparent les véritables forces d'une armée.

Ce fut dans les camps que se formèrent ces invincibles légions, qui fondèrent la première puissance militaire de l'Univers.

Du camp de Boulogne sortit la plus belle armée que la France ait eue; et la bataille d'Austerlitz ne fut pas un seul moment indecise.

L'état de paix où nous nous trouvons, et que la France desire si ardemment conserver, n'exclut aucune institution guerrière. Tous les réglemens militaires doivent être faits en considération de l'état de guerre. L'existence d'une armée, sans cette considération, serait une monstruosité dans l'ordre social.

Ainsi que je l'ai déjà observé, les généraux, les officiers d'état-major et d'administration, désignés pour faire partie de l'armée dont je viens de parler, ne recevraient la solde d'activité que pendant la réunion des troupes dans les camps, et ils appartiendraient à la classe des officiers *en activité temporaire*.

Les congés de semestre seraient délivrés en levant les tentes : déjà il a été prononcé sagement sur le traitement de tous les congédiés.

Une armée ainsi formée en divisions et en brigades, serait une véritable, une imposante frontière (1); et les dépenses de ces réunions momentanées seraient peu onéreuses.

Avant de procéder à la formation des trois classes dont nous venons de parler, ne convient-il pas d'admettre à la retraite :

1°. Les officiers de tout grade qui l'ont de-

---

(1) Où sont vos frontières, demandait-on à un Spartiate? Au bout de nos piques, répondit-il.

mandée pendant la *guerre*, et auxquels les circonstances n'ont pas permis de l'accorder à cette époque ;

2°. Les lieutenans-généraux, maréchaux-de-camp âgés de soixante ans ;

3°. Les officiers supérieurs âgés de cinquante-cinq ans ;

4°. Les capitaines, lieutenans et sous-lieutenans âgés de cinquante ans.

Motivons ces propositions.

Les officiers qui ont demandé à se retirer du service pendant la guerre n'ont pu étayer une telle demande que sur de graves infirmités, et sur une impossibilité absolue de supporter plus long-temps les travaux et les fatigues du métier.

Le temps qui s'est écoulé depuis leur demande, celui qui se sera écoulé pendant la paix, n'aura pas fortifié leur constitution, ni fait disparaître les infirmités de l'âge, si la France se trouve forcée de rentrer de nouveau dans la lice des combats. Alors ils ne pourraient y paraître ; alors il faudrait appeler des remplaçans ; et serait-ce au moment d'entrer en campagne, qu'il conviendrait de placer à la tête de l'armée des officiers inconnus au soldat?

Et ceux qui, dans leurs foyers, auraient contracté de nouvelles habitudes, formé de nouveaux projets d'établissement, reprendraient-ils, pour

pour combattre, une épée rouillée, avec le zèle qui fait le bon officier? Y aurait-il enfin, en France, une classe d'officiers de guerre, et une classe d'officiers de paix?

Presque tout ce que nous venons de dire pour les officiers qui auraient déjà demandé à se retirer, est commun aux officiers marqués du sceau de la vieillesse.

Dans la désignation des âges, nous avons considéré qu'après une si longue guerre, et nos dernières campagnes dans les climats les plus âpres, la vieillesse était anticipée chez la plupart des officiers qui les avaient faites.

Les forces physiques de la jeunesse, que conservent encore après soixante ans quelques-uns de nos militaires, sont des priviléges de la nature et une rare exception à la commune loi.

Il a aussi paru juste de désigner une différence pour les âges, en raison de la différence des emplois.

L'officier subalterne doit être plus jeune, plus robuste que l'officier supérieur, et celui-ci que l'officier-général. Le grade de chacun d'eux exige des travaux divers, et leur donne divers moyens, diverses facilités pour les supporter.

Enfin, pour le commandement en chef et pour l'admission dans un conseil, la vieillesse, si elle n'était caducité, ne serait pas un obstacle au choix du Gouvernement.

DES PENSIONS DE RETRAITE ET DE L'ANCIEN TRAITEMENT, dit DE RÉFORME.

Au moment d'une réorganisation complète, et alors que tout officier sera en activité permanente de service, en activité temporaire, en non-activité provisoire ou en retraite absolue, il nous paraît juste qu'on nivelle les pensions militaires, de manière que les mêmes titres aient produit le même traitement, sans égard à l'époque où le militaire pensionné s'est retiré du service.

N'est-il pas étrange que dans le même royaume, les soldats du même souverain, avec le même grade, les mêmes droits, reçoivent pour leurs services une pension de retraite dont la différence énorme tient à l'époque où cette pension a été fixée ?

Ainsi, deux officiers sont entrés au service en 1792. L'un a obtenu sa retraite en 1796, n'ayant servi que pendant quatre années. Son camarade est resté dans les rangs de l'armée, et ne s'est retiré qu'en 1812, après avoir fait vingt campagnes. Son traitement peut cependant se trouver au-dessous de la pension dont l'autre jouit depuis si long-temps.

La dernière ordonnance du. . . . . consacre encore cette règle. Cette ordonnance, rédigée avec précision et sagesse, n'aurait-elle pas dû être présentée en forme de loi? À part toute autre considération, il semble que les traitemens et pensions militaires payés par l'État, faisant partie du budjet, les règles pour leur fixation, ne sont pas étrangères à l'autorité qui vote l'impôt.

Cette ordonnance a balancé les avantages et les inconvéniens reconnus dans les lois du 28 fructidor an 7 et 8 *floréal* an 11. On a puisé dans les dispositions de ces deux lois ce qui était utile, et rejeté ce que l'expérience avait démontré comme vicieux.

Mais on n'a pas suffisamment considéré que, relativement à l'augmentation du prix de toutes choses, les pensions militaires pour retraite avaient été fixées à un taux très-modique. Le chef du dernier Gouvernement avait fait entrer en ligne de compte les majorats et les autres indemnités qu'il avait déjà accordées ou se proposait d'accorder. Dans ses projets de guerre perpétuelle, il considérait la modicité des retraites comme un moyen de clouer les militaires aux drapeaux. Il les menaçait ainsi de l'indigence s'ils sollicitaient une retraite contre son vœu, ou sans son adhésion, c'est-à-dire, pendant qu'il leur restait encore la faculté de se mouvoir.

Que l'on compare avec le traitement de retraite d'un officier, le traitement de retraite d'un juge; et si l'on prend pour base de la comparaison le traitement d'activité qu'ils reçoivent l'un

6.

et l'autre, l'on se convaincra que les avantages sont pour le magistrat.

Je sais d'avance quelles objections on peut faire contre un nouveau réglement pour les pensions des militaires : *rétroactivité*, *lésion des intérêts particuliers* ou de ceux du trésor, *et travail immense et fatigant*. Il serait facile de réfuter ces objections.

. .
.

Plus j'avance, plus je me sens conduit à réclamer l'unité de principes, parce qu'alors seulement il peut y avoir uniformité dans les mesures et facilité dans l'exécution.

Ainsi, les officiers des corps privilégiés, sans en excepter ceux de la Maison du Roi, ne devraient, ce me semble, obtenir pour retraite que la pension affectée au grade qu'ils ont dans la ligne, et pour lequel ils ont un brevet.

Pendant qu'ils ont l'honneur de servir auprès du Roi, la splendeur du trône, les dépenses qu'entraîne leur service dans le lieu où le monarque tient sa cour, exigent un traitement particulier, sans suivre la correspondance des grades de la Maison du Roi avec ceux de l'armée.

Mais ces officiers quittant le service personnel du Roi, se trouvent ou lieutenans-généraux, ou maréchaux-de-camp, ou colonels retirés, etc., et ne doivent être considérés que sous ce rapport. Cela simplifie le système de l'administration militaire, et ramène toujours à l'unité de principe.

Les anciennes ordonnances sur les divers corps de la Maison du Roi ont été à peu près remises en vigueur.

On a dû être porté à ce rétablissement absolu, par des souvenirs qui retraçaient la gloire de ces corps.

On a peut-être considéré, avec raison, que le licenciement de la majeure partie de la Maison militaire, résolu par esprit d'économie et pour soulager le peuple d'impôts, fut l'erreur d'un père et la faute d'un Roi.

Mais en conservant l'institution, en ramenant cet esprit de noblesse, de fidélité, de dévouement, qui a constamment distingué la Maison militaire des rois de France, on pouvait tout aussi bien modifier les réglemens de détail, qu'on a pu changer quelque partie de l'uniforme.

Je trouve aussi déraisonnable de dire, telle *mesure* est parfaite, parce que cela était ainsi autrefois, que de prétendre qu'elle est vicieuse parce qu'elle appartient à des temps anciens.

Et malheureusement, depuis vingt-cinq ans, de tels raisonnemens ne sont que trop la logique française.

Dans certains corps de la Maison du Roi, il

pourrait arriver, d'après l'usage établi, qu'un sous-lieutenant eût le grade de maréchal-de-camp, et un lieutenant celui de colonel.

Et si jamais ce sous-lieutenant se rendait coupable d'une faute contre la discipline militaire à l'égard de son lieutenant, un tribunal chargé de prononcer punirait-il un maréchal-de-camp qui aurait manqué à un colonel ?

A l'époque où le grade de brigadier des armées était reconnu en France, un semblable inconvénient était attaché à ce grade.

Le lieutenant-colonel d'un régiment pouvait être en même temps brigadier des armées.

Dans son régiment il se trouvait sous l'autorité du colonel; dans l'état-major il lui donnait des ordres.

On a justement abrogé ces dispositions par la suppression du grade de brigadier des armées.

Je sais que lorsqu'on a parlé de la nécessité d'un ordre hiérarchique, résultant du grade dans tous les corps militaires, on a objecté que dans les gardes-du-corps du Roi, les emplois de capitaines des compagnies étaient des charges de la *Couronne*, indépendantes du grade militaire.

Mais cette objection ne regarde que les capitaines titulaires de ces compagnies : et peut-être serait-il à desirer que ces capitaines eussent toujours le grade le plus élevé de l'armée.

Je ne terminerai pas ces observations sans provoquer l'examen d'une question relative aux traitemens originairement dits de réforme, surpris ou obtenus, sans titres réels, dans les temps de confusion et de désordre.

Je connais et je pourrais désigner un officier qui, en 1793 ou en 1794, fut nommé capitaine d'une compagnie de cavalerie départementale par le vote de ses nouveaux cavaliers, et qui, après être resté quelques mois au service, sans faire réellement la guerre, obtint un traitement de réforme de 7 à 800 fr., dont il jouit depuis près de vingt ans.

Sans doute cet exemple n'est pas unique; ainsi l'État est grevé de charges onéreuses pour solder des gens qui usurpent la qualité militaire, et les récompenses qui y sont attachées. Ces récompenses, ainsi prostituées, excitent le mécontentement et la censure.

A diverses époques, les officiers réformés ont été appelés aux armées. On a pris des mesures pour arrêter le cours des traitemens onéreux au trésor public : mais les formes d'exécution ont toujours donné la facilité de se soustraire à ces mesures. Le peu d'exactitude, et l'on pourrait dire la complaisance criminelle de certains fonctionnaires publics, ont laissé subsister l'abus presque dans toute sa force.

J'ai déjà dit que pour des officiers et sous-officiers retirés du service, il ne pourrait plus exister d'autre traitement que celui de retraite. Tous les officiers qui sont restés dans leurs foyers, et n'ont pas pris du service depuis cinq ou six ans, doivent être considérés, dans le sens le plus honorable pour eux, comme ne pouvant plus servir.

De tels officiers qui n'auraient pas *six ans* de service effectif, et fait au moins *trois campagnes*, seraient réputés n'avoir droit à aucune pension, quelle que fût celle dont ils jouissaient comme réformés, à moins qu'ils n'eussent perdu à l'armée un membre, ou l'usage d'un membre, ou reçu des blessures qui les auraient mis dans un *état absolu d'infirmités*.

Dans ce dernier cas, il serait statué particulièrement sur le traitement de chacun d'eux.

Mais cet état d'*infirmité absolue* devrait être constaté de manière à ne laisser aucun doute.

Qu'un réglement précis et rigoureux traçât les devoirs des fonctionnaires examinateurs, et notât d'infamie celui qui se rendrait coupable d'une condescendance funeste à l'État et à l'armée.

Lorsqu'on est forcé de réduire des droits bien constatés, que peut-on accorder à des droits chimériques? Pourquoi payer ceux à qui il n'est rien dû, si l'on ne peut acquitter entièrement des créances légitimes et sacrées?

Nous

Nous répéterons enfin que les pensions de tous les militaires en retraite, les traitemens de tous les militaires en activité ou en non-activité de service, étant compris dans le budget de l'État, et leur quotité étant déterminée par une disposition législative, l'appel du Roi à la nation française, pour récompenser les braves, commande à jamais leur dévouement et leur amour.

DES DIVERS ORDRES DE CHEVALERIE.

Un orateur distingué de la chambre des députés a fait, sur l'institution de la Légion d'honneur, une proposition juste et généreuse; et toutefois l'adoption de sa proposition ne suffirait pas pour dissiper les craintes qu'il a exprimées, si d'ailleurs elles étaient fondées.

Les membres de la Légion d'honneur, nommés avant la restauration de la dynastie des Bourbons, doivent conserver leurs honneurs et leurs traitemens. Cette dette sacrée ne sera méconnue ni par le Roi, ni par le peuple français; mais s'il y avait un projet de détruire l'institution, elle ne serait point préservée de sa ruine, par cela seul que les anciens légionnaires recevraient leur traitement.

Si, à l'avenir, les actions nobles et brillantes n'étaient point récompensées par la décoration de la Légion d'honneur, si le ministère affectait de jeter cette décoration à des hommes sans services, attachés à des emplois obscurs, l'institution de la Légion ne serait bientôt qu'un objet de dérision ou de mépris ; et aucun traitement n'étant plus attaché aux nouvelles nominations, la toute-puissante opinion prononcerait l'anéantissement d'un Ordre qui ne donnerait ni considération, ni argent.

On a dit que la Légion d'honneur était plus qu'un Ordre, qu'elle était une institution nationale.

La Légion d'honneur est un Ordre de chevalerie, puisque ceux qui en sont membres, ont le titre et le nom de chevalier : seulement une grande partie de ces chevaliers *sont sans épée et sans éperons*.

Cet Ordre, il est vrai, semble réunir en une seule Légion tous les Français qui ont servi la patrie et l'honneur, et cette conception paraît d'abord patriotique et libérale.

Mais l'Ordre est-il bien national ? Annonce-t-il exclusivement des services rendus à notre France, lorsqu'un grand nombre de Russes, Prussiens, Autrichiens, Allemands, Napolitains, sont membres de cette Légion, et plusieurs d'entre eux, comme grands dignitaires de l'Ordre ?

Et parmi les Français membres de la Légion, tous ont-ils payé la même dette à la patrie et à l'honneur? Cet honneur a-t-il la *même acception* auprès de tous? le reconnaissent-ils sous la même forme? lui adressent-ils les mêmes vœux? lui font-ils les mêmes sacrifices?

L'honneur d'un juge, d'un évêque, est-il l'honneur d'un capitaine de grenadiers? Ce qui sanctifierait le caractère évangélique de l'un, flétrirait le caractère militaire de l'autre. Ainsi prononcent les préjugés dominateurs des lois.

Il y avait anciennement en France des Ordres différens pour remplacer les services militaires et civils. Lorsque le dernier chef du Gouvernement français se déclara monarque, le projet de réunir tous ces Ordres dans une seule institution appartint plutôt à sa politique qu'à ses idées libérales.

Quand il créa la Légion d'honneur il fallait familiariser tous les esprits avec des institutions naguère proscrites, et intéresser toutes les professions à leur existence. Cette condescendance de sa politique fut un sacrifice, et on l'a entendu souvent parler de modifications devenues indispensables dans l'ordre de la Légion d'honneur.

Lorsqu'en effet des services rendus à l'État sont essentiellement différens, les titres à la récompense ne sont pas les mêmes, et le signe qui annonce cette récompense doit suivre cette diversité.

Je suis bien éloigné de prétendre établir une supériorité entre tels ou tels services. Si j'avais obtenu une distinction par les lettres, par les arts, par la magistrature, je voudrais porter ostensiblement les signes de mon Ordre.

Si, pour l'honneur de la France et le bonheur de son Roi, M. de Malesherbes vivait encore, la *décoration qui désignerait* cet *immortel* magistrat ne serait-elle pas aussi honorable que celle du plus illustre capitaine ?

Mais la couleur rouge fut réservée en France à l'homme de guerre : on lui indiqua par le ruban couleur de sang, qu'il devait verser le sien pour la défense de l'État, ou faire couler celui de ses ennemis. Cet emblême ne convient pas aux fonctionnaires appelés à se distinguer par des vertus pacifiques, par des services dans l'intérieur.

Comme l'orateur de la chambre, je réclame en faveur des soldats légionnaires, la plupart honorablement mutilés, un traitement alimentaire; mais j'ajoute que la décoration de la Légion d'honneur est pour eux une noble consolation, et comme une espèce de dédommagement des pertes glorieuses qu'ils ont faites sur le champ de bataille. Lorsqu'ils aperçoivent leur ruban sur la poitrine de ceux qu'ils appellent *bourgeois*, il n'y a plus pour eux cette distinction qui les dédommage, qui les console; qu'on accorde à ces braves ce qu'ils demandent pour cicatriser leurs plaies : cela ne coûtera ni à la justice, ni à l'amour-propre.

Disons avec simplicité ce qui est vrai : nos soldats ne considéraient point que la Légion d'honneur fût une institution nationale, et qu'elle embrassait les services de toute espèce rendus à l'État, lorsqu'ils faisaient des prodiges de valeur pour l'obtenir. Consultez chacun d'eux : tous vous diront qu'ils ambitionnaient d'abord le signe des braves, et ensuite une garantie contre la misère. Tout Ordre purement militaire qui leur eût donné ces assurances, aurait été un lévier également puissant.

Je dis aussi que l'ordre de la Légion d'honneur était moins nécessaire, dans les armées françaises, pour stimuler le courage, que pour le récompenser. Long-temps avant sa création, nos soldats avaient obtenu de toute l'Europe le titre de *vaillans*. Nous *n'avions* pas attendu, pour mériter les honneurs du triomphe, que Buonaparte apparût au milieu de nous. Les champs de Rocroy, de Fontenoy, de Jemmapes, de Fleurus, de Hohenlinden, attestent une gloire plus belle et moins fatale à la France que ceux de la Moskowa.

Je crois, comme l'éloquent orateur de la chambre des députés, que l'espoir de la noble récompense assurée aux militaires par l'institution de la Légion d'honneur, doit conduire et retenir un grand nombre de Français sous les drapeaux; mais, dût-on doubler cette récompense en honneur et en traitement, elle ne tiendrait pas lieu d'*une bonne loi sur le recrutement de l'armée.*

L'institution de la Légion d'honneur a été utile aux arts, fort peu aux sciences, et moins encore aux lettres.

En général, l'administration n'a pas dû se ressentir beaucoup des effets de cette institution.

Au moment où la Légion fut fondée, on donna la décoration à l'emploi et non à l'homme; ensuite, l'homme a pu quitter la place et garder la décoration.

Lorsque les grands fonctionnaires sollicitaient des cordons, quelles preuves exigeait le chef du Gouvernement pour les décorer de son effigie? L'obtenaient-ils par des actes d'*honneur* ou par des actes de *docilité?* et quels avantages la patrie en a-t-elle retiré?

J'entends dire souvent que la décoration de la Légion d'honneur n'étant accordée aux militaires que pour des faits d'armes, cette institution était mieux conçue que celle de Saint-Louis, qui récompense seulement l'ancienneté des services. C'est une grossière erreur.

La croix de Saint-Louis était acquise à un officier après un nombre determiné d'années de service; mais les actions d'éclat tenaient lieu d'années, et le plus brave était réputé ancien.

Dans la Légion d'honneur, l'ancienneté ne donne point de titre, et ceux de la vaillance n'ont pas toujours été reconnus.

Certes, lorsqu'un sous-officier, un soldat obtenait la décoration, il l'avait cent fois méritée; mais dans l'état-major, que d'abus, que de scandale! J'ai vu des enfans à peine sortis des lycées, couverts de cinq à six cordons, et j'ai vu des vétérans couverts de blessures, attendre vainement, dans les rangs de l'honneur, l'une de ces nombreuses décorations dont était accablé l'imberbe favori.

Il n'existait dans la Légion d'honneur, pour rassurer contre l'intrigue et l'arbitraire, ni le chapitre indépendant et souverain de l'ordre de Marie-Thérèse, ni des réglemens constitutifs du droit de l'ancienneté, comme dans l'ordre de Saint-Louis.

La Constitution prononce que la Légion d'honneur est maintenue : et elle garde le silence sur les autres Ordres de chevalerie. On a donc pu dire, en toute rigueur, que la Légion d'honneur était le seul Ordre constitutionnellement garanti; mais ne voit-on pas que si le Roi donne, pour la Légion d'honneur, une garantie spéciale, c'est parce qu'une telle garantie était devenue nécessaire! Certes, il eût été bien étrange que Louis XVIII eût songé à insérer dans la Charte une garantie pour les Ordres de sa famille, dont il portait les décorations au *moment* même où il promulguait cette Charte, comme il les avait portées le *jour* où il était rentré dans sa capitale.

En conservant séparément et sans les réunir, les ordres de Saint-Louis et de la Légion d'honneur, lequel des deux sera destiné désormais à récompenser les faits militaires? La décoration qui ne sera pas le prix de la bravoure la plus brillante n'en aura bientôt aucun aux yeux du guerrier français, et, comme je l'ai déjà dit, l'opinion frappera mortellement l'institution.

Les considérations que je viens d'exposer me déterminèrent, dans le mois de mai dernier, à présenter une proposition qui est restée sans effet.

Je proposais pour l'armée, de lier l'ordre de la Légion d'honneur avec l'ordre de Saint-Louis et celui du Mérite militaire, sous la dénomination d'*Ordre royal militaire de France*.

Je proposais (pour le civil) de réunir l'ordre de la Légion avec les divers ordres du Mérite civil déjà existans en France, sous la dénomination d'*Ordre royal civil de France*.

Je proposais pour la décoration militaire, une croix sur laquelle se serait trouvée, d'un côté,

côté, l'effigie de saint Louis, avec la légende *Praem. Virt. Bell.*, et de l'autre, l'effigie de Henri IV, avec la légende *Honneur et Patrie*. Ruban rouge.

Je proposais pour l'ordre du Mérite civil, une croix ayant d'un côté l'effigie de Louis XII, avec la légende *Père du Peuple*, et de l'autre les armes de France, avec la légende *Honneur et Patrie*. Ruban vert avec divers liserés.

Tous les membres de la Légion d'honneur indistinctement eussent fait partie des deux nouveaux Ordres, selon qu'ils auraient été militaires ou civils, et en conservant leurs grades et traitemens respectifs.

A l'avenir le Roi, grand-maître des deux Ordres, aurait réglé en chapitre les admissions, les grades et les traitemens.

Dans l'état militaire, le soldat, comme l'officier, eût été admis au grade de chevalier; il eût été décoré du même ruban que son général, parce que, suivant l'expression heureuse et énergique d'un maréchal de France, l'un et l'autre l'aurait également teint de son sang; mais la décoration en *or* n'eût été portée que par le militaire décoré en même temps de l'épaulette d'officier.

J'avais indiqué, dans ma proposition, les réglemens de *détail* et d'*exécution*.

J'avais cru qu'une pareille institution concilierait les esprits et éloignerait beaucoup d'inconvéniens. J'en trouve surtout dans la nécessité de distribuer journellement des décorations, parce que leur grand nombre nuit toujours au prix qu'on y attache.

L'institution de l'Ordre royal militaire de France et de l'Ordre royal civil se serait rattachée à la grande époque de la restauration des Bourbons, et aurait reçu de ce mémorable événement sa plus grande illustration et son plus bel éclat.

Ainsi tout était conservé, rien n'était détruit; les diverses dénominations s'alliaient pour en produire une nouvelle; les légendes de toutes ces décorations subsistaient pour attester leur origine, leur alliance et leur durée.

Aujourd'hui tout paraît décidé. Est-ce irrévocablement?.... Je crois que les propositions que je viens d'énoncer, ou une mesure à peu près semblable, conviendraient encore pour tout simplifier, pour tout calmer.

Mais je desire au moins qu'on puisse reconnaître dans le ruban de la Légion d'honneur, le signe indicatif des services qui auront fait obtenir cette récompense.

On dira peut-être que la croix de Saint-Louis sera la décoration exclusivement militaire. On peut encore en douter : mais les sous-officiers et soldats n'obtiennent pas cette décoration ; et ne doivent-ils donc pas être comptés dans l'armée et dans la nation ?

Et ceux d'entre eux déjà retirés pour blessures avec la décoration de la Légion d'honneur, ne sont-ils pas fondés à croire qu'elle est une récompense et un signe militaire ?

Et les officiers membres de la Légion d'honneur, et qui ne sont plus au service, seront-ils décorés de celle de Saint-Louis ?

Une simple bande, un liséré dans le ruban des légionnaires civils, laisserait aux légionnaires militaires leur récompense intacte, dût-on désormais affecter spécialement la décoration de la Légion d'honneur au Mérite civil.

Je m'attends toutefois à des réclamations contre ce projet. On citera sans doute, pour le combattre, la politique, la libéralité de l'institution, etc. ; mais ces réclamations seraient produites au fond par un sentiment que je ne désignerai pas, et elles ne viendraient pas de l'armée. Les chevaliers de Saint-Louis *de toutes les dates*, comme les militaires de la Légion d'honneur, desirent que le ruban qu'ils portent soit affecté au soldat, et qu'on puisse dire, au seul aspect de ce ruban placé sur leur poitrine : *C'est avec son épée qu'il a gagné ses éperons.*

Je n'ai point à parler de la décoration du lys comme d'un Ordre. D'après les expressions de Sa

Majesté, cette décoration est un signe de ralliement pour ses fidèles sujets; c'est une cocarde blanche portée sur le cœur.

Garde nationale.

J'ai très-peu d'observations à présenter sur un corps sédentaire séparé de l'armée, et qui a pour ministre le secrétaire d'État du département de l'intérieur.

Son Altesse Royale Monsieur, comte d'Artois, est colonel-général des gardes nationales du royaume. En les plaçant sous la protection immédiate de son frère, le Roi leur a donné un témoignage de bienveillance qui les rapproche, pour ainsi dire, de son trône.

A considérer les gardes nationales du royaume comme une réunion de citoyens armés pour le maintien de l'ordre et la défense des propriétés, cette institution est un des grands moyens de conservation, à la disposition du Gouvernement, et la plus salutaire garantie pour la société.

Mais dans les derniers et mémorables événemens, la garde nationale de Paris a acquis des titres particuliers à la reconnaissance des Français, à l'estime de l'étranger et à la confiance du monarque.

Les réglemens qui concernent le service,

l'administration et la police des gardes nationales, étant, comme nous l'avons déjà remarqué, étrangers à l'armée, leur examen n'entre point dans le plan de notre ouvrage.

J'ai toutefois été frappé d'un vice d'organisation tellement capital, que je ne puis m'empêcher de l'exposer et de le combattre, mais uniquement parce que l'armée y est en quelque sorte intéressée.

Dans la formation des gardes nationales, tous les propriétaires de la cité ont été d'abord indistinctement appelés comme simples gardes. Il convenait de ne pas confondre dans un tel appel les militaires rentrés dans leurs foyers, et qui avaient déjà occupé des grades supérieurs dans les armées; l'officier qui a porté l'épée, qui a commandé avec honneur, ne doit pas être replacé dans les rangs du soldat.

On m'a assuré avoir vu dans des compagnies de la garde nationale de Paris, d'anciens colonels, d'anciens officiers-généraux devenus caporaux ou sergens.

Et en même temps des négocians, des banquiers, des artistes, des chambellans faisaient fonctions de colonels, de généraux, et étaient investis du commandement.

Les partisans de ces espèces de saturnales nous disent que la garde nationale n'est point une troupe de ligne; qu'elle est seulement une association de propriétaires, dont les chefs ne sont que les premiers parmi leurs égaux.

Dès que cette association devient force publique, qu'elle est organisée en légions et en bataillons, qu'elle fait un service régulier, vous ne pouvez y appeler un ancien officier, en le forçant d'échanger l'épée dont il s'est honorablement servi devant l'ennemi, contre un mousquet qui lui serait à charge.

Voudrait-on prétendre que le service de simple garde national ne doit paraître ni désagréable, ni humiliant pour un ancien officier?

Mais d'abord ce service est différent de celui d'un officier, et bien plus pénible. Il force un brave homme à paraître sans l'arme et l'épaulette, qu'il a obtenues par des actions de guerre et après de nombreuses campagnes.

Je suppose que la tranquillité d'une ville soit troublée, et que la garde nationale fournisse un détachement pour ramener l'ordre concurremment avec la troupe de ligne; ne peut-il pas arriver alors, qu'un colonel de la ligne, retiré depuis peu de temps pour des infirmités qui lui interdisent un service actif et non celui de la garde nationale, se trouve envoyé en patrouille comme simple garde, sous le commandement d'un sergent ou d'un caporal de son ancien régiment?

Peut-on croire que la position de ce colonel

ne lui serait pas pénible ? Ne voit-on pas qu'ici toutes les convenances militaires sont méconnues, que c'est un bouleversement de toutes les idées reçues, et le renouvellement de ces mascarades ridicules qui signalèrent certaines époques de la révolution ?

Les inconvéniens seraient bien plus graves, si, par des circonstances extraordinaires et imprévues, une garde nationale sédentaire se trouvait forcément portée à l'état de mobilité.

Les lois sur l'organisation des gardes nationales appelant sans aucune distinction tous les citoyens aisés, l'appel pourrait en toute rigueur s'étendre depuis le sous-lieutenant, devenu propriétaire dans la cité, jusqu'au général, et même jusqu'au maréchal de France, retirés du service.

Ainsi l'homme qui aurait commandé les armées avec gloire, ainsi nos plus illustres et plus vieux capitaines pourraient être placés en faction à la porte d'un bourgeois fait général dans la garde nationale, après trois mois de service dans les rues de la capitale, et être envoyés par lui à l'exercice !

Je sais que les grades dans la garde nationale ne donnent aucun rang dans l'armée ; je sais qu'on ne voudrait pas émousser toute émulation et renverser tout système militaire, en accordant pour des services de quelques heures dans l'intérieur, le titre réel de colonel ou d'officier-général, qui est dans l'armée la récompense de l'ancienneté, des actions d'éclat et des talens. Mais le vice d'organisation que j'attaque n'en subsiste pas moins, et il n'est pas moins urgent de le proscrire.

Je propose donc que les officiers et même les sous-officiers retirés du service ne puissent être appelés dans les gardes nationales qu'avec le grade qu'ils avaient dans la ligne.

Je ne veux point cependant qu'ils soient *nécessairement* investis d'un commandement; je sens que des motifs puissans peuvent exiger que, dans les gardes nationales, les officiers titulaires soient choisis dans une certaine classe de citoyens. Mais les officiers de la ligne dont j'ai parlé, qui ne seraient point placés en pied, resteraient attachés comme surnuméraires aux compagnies ou à l'état-major.

Et cette mesure, qui conserverait aux anciens officiers de la ligne leur caractère et leurs droits, ne serait contraire ni à ceux des officiers de la garde nationale, ni aux intérêts du service, parce que, dans ce corps, l'officier et le garde sont également sans solde, et que le citoyen armé d'une épée ou d'un fusil peut être également utile pour le service présumé de cette force publique.

GENDARMERIE.

Gendarmerie.

Entre les considérations relatives à l'organisation de l'armée et celles relatives à la justice, se trouveront placées, comme dans leur ordre, nos observations sur la gendarmerie.

Cette force publique fut originairement établie pour la sûreté des grandes routes et la police des lieux publics.

Jadis elle n'était employée que contre les malfaiteurs, contre les déserteurs, enfin contre les justiciables des tribunaux ordinaires ou militaires.

Il faut la réduire à sa primitive institution.

Le corps de la gendarmerie est composé, en général, des meilleurs soldats de l'armée, appelés dans ce corps depuis plusieurs années.

Des sous-officiers de toutes les armes de la ligne ont même sollicité des emplois de gendarme, comme une récompense d'anciens services et d'actes de bravoure.

Mais c'est en cela que le privilége accordé à des commandans de gendarmerie, de pouvoir enlever à volonté les soldats et les sous-officiers les plus distingués de la ligne, a fait éprouver aux régimens, dans beaucoup de circonstances, et notamment à l'ouverture d'une campagne, des pertes irréparables et du plus funeste résultat.

Les attributions de la gendarmerie, sous le dernier chef du Gouvernement, annonçaient qu'il comptait sur elle pour contenir l'élan des ames généreuses contre sa tyrannie : il l'appelait sa *magistrature armée.*

Le simple gendarme avait une autorité de police qu'il était dangereux de méconnaître. Il pouvait questionner, interpeller, et, dans plusieurs cas, disposer de la liberté des citoyens.

Ainsi trente mille gendarmes, répandus dans le royaume en brigades de quatre ou cinq cavaliers, étaient autant de comités armés, chargés de surveiller, de diriger l'opinion publique, et d'arrêter, comme criminel, tout homme soupçonné de refuser l'encens à la divinité du jour.

Et des soldats, naguère sortis des rangs de l'armée comme les plus braves, les plus loyaux, étaient façonnés à de tels rôles !

Il serait curieux de lire quelques-uns des rapports périodiques envoyés (d'après modèle) par chaque commandant de brigade de gendarmerie au capitaine de sa compagnie, transmis par celui-ci avec des notes à son colonel, qui, dans un rapport adressé au premier inspecteur-général, faisait connaître à son tour les observations morales et politiques de tous les caporaux de sa légion.

Il serait plus curieux encore et plus piquant de publier les instructions, les ordres donnés à la gendamerie, quelques mois, quelques jours avant la rentrée des Bourbons, afin de savoir si les mêmes gens auront la mission éternelle de tourmenter les hommes tantôt au nom de Baal, tantôt au nom du vrai Dieu.

Quel caractère peut rester à un gendarme qui, depuis vingt-un ans, a eu pour consigne de surveiller et d'arrêter successivement les ennemis de Robespierre, les ennemis du Directoire, les ennemis de Napoléon; qui, le 30 mars dernier, considérait comme de grands coupables, et avait ordre d'immoler ceux qui prononceraient le nom de Louis, et qui voit aujourd'hui dans ce Prince son légitime souverain?

Pourquoi salirait-on ce noble habit militaire, en exigeant de celui qui le porte, un service d'espionnage indigne de l'homme d'épée?

Je ne veux point croire que des généraux, des chefs de l'armée, se soient chargés de ces missions, qui donnaient le crédit et la faveur en proportion du nombre des victimes offertes à la plus exigeante des idoles.

Cependant j'ai lu une lettre où un personnage éminent en dignité dans le corps de la gendarmerie, écrivait à un ministre : « *Je fais* » *exercer sur le général F...... une surveil-* » *lance inaperçue.* »

Cette mesure tenait sans doute à l'exécution d'un *firman ;* aussi c'est l'*institution* que j'attaque ; et je soutiens que nos idées militaires repousseraient toujours l'alliance des nobles devoirs d'un maréchal de France avec des fonctions de police. Turenne et Catinat ne l'eussent-ils pas ainsi prononcé ?

Nous savons, au reste, que la gendarmerie de Paris était sous l'autorité exclusive du ministre de la police.

Comment prétendre alors qu'un gendarme, qui, par les fonctions d'agent de police, est une espèce de puissance, conserve l'esprit et les idées militaires de son grade ?

Il est rare que l'officier, même supérieur, même général, obtienne de lui les signes de respect dus à son caractère ; et souvent, pour constater son autorité, le gendarme feint de chercher dans la figure de ce général l'application d'un signalement.

Ainsi les plus braves soldats de l'armée lui ont été enlevés pour un métier bien différent. Des officiers de toute arme, la gloire de nos rangs, ont été entraînés dans des actes que leur délicatesse aurait repoussés, si le mot *devoir* ne leur eût paru exiger une obéissance passive : inévitables effets du despotisme, qui dénature tout, corrompt et avilit tout !

Jamais l'arrestation du Souverain Pontife, les

violences faites à ce Prince de l'Église dans son palais, au milieu de la nuit, les infortunes du roi Ferdinand, le meurtre du duc d'Enghien, n'accuseront Buonaparte devant les contemporains et la postérité, sans que les noms des exécuteurs de ses ordres ne soient inscrits sur ce grand acte d'accusation. .

Que le corps de la gendarmerie, sans être exclusivement militaire, soit donc essentiellement militaire; qu'il dépende du ministre de la guerre; que son général, ainsi que les autres chefs de l'armée, reçoive les ordres du Roi par l'organe de son ministre.

Que ce corps ait, j'y consens, quelques réglemens particuliers non communs à l'armée, à raison de ses fonctions mixtes.

Mais pourquoi y aurait-il, dans la gendarmerie, un chef unique et suprême, prenant directement les ordres de Sa Majesté?

Sous le régime passé, cette institution était une grande agence de police ajoutée à beaucoup d'autres agences, qui toutes aboutissaient à Napoléon; il examinait, comparait, donnait l'impulsion, et voyait en elles les plus grandes ressources de son gouvernement.

Eh bien! toutes ces polices, tous ces comités inquisiteurs ont-ils soutenu son trône? En ont-ils retardé la chute quand l'opinion s'est retirée de lui?

Que le corps de la gendarmerie rompe tout pacte avec le ministère de la police, pour ce qui se trouve du domaine de la politique, et ne conserve de rapports avec ce ministère et celui de la justice qu'en ce qui concerne l'action des tribunaux.

Qu'en se bornant à assurer la tranquillité des citoyens, il ne la trouble plus; qu'à l'avenir le voyageur cesse de craindre qu'un propos gai, piquant, tenu à une table d'hôte, se retrouvera transformé en propos factieux dans le portefeuille de l'inspecteur de la gendarmerie.

Enfin, que les voleurs, les assassins et les déserteurs coupables de délits positifs et non de prétendus délits d'opinions, soient aujourd'hui, comme sous nos anciens Rois, les seuls objets de l'attention et des poursuites d'un corps qui a remplacé la maréchaussée de France.

Je suis naturellement conduit à parler ici de la justice militaire, et à traiter plus particulièrement cette matière dans les considérations que je présente, parce que, à mon avis, c'est l'objet le plus important, en ce que la liberté, l'honneur, la vie et la fortune des militaires s'y rattachent, et parce que, sur ce point, tout est arbitraire, désordre et chaos.

Les réglemens relatifs à l'administration, et tous ceux enfin qui doivent entrer dans la confection d'un Code complet, seront ultérieurement l'objet de mes travaux.

Je suis bien éloigné de prétendre conduire et terminer avec succès une si grande entreprise, en demeurant toujours à l'abri de l'erreur ; mais enfin, n'eussé-je donné que quelques indications utiles, mon temps n'aura pas été perdu.

JUSTICE

JUSTICE MILITAIRE.

La justice militaire a ses tribunaux, ses formes et ses lois pénales.

C'est sur chacun de ces élémens essentiels que je viens appeler l'attention du ministère.

Les tribunaux actuels ont une composition arbitraire, alarmante. Les formes de procéder sont compliquées, impraticables et nuisibles à la discipline; les lois pénales sont contradictoires, incomplètes, inexécutables, et sans rapport avec l'esprit du soldat et les intérêts de l'armée.

Pour remplacer ces nombreux tribunaux, autorisés par les lois ou créés par les ordres du dernier Gouvernement, je proposerai une seule espèce de tribunal militaire, dont la marche sera rapide, sans cesser d'être rassurante; qui, par la nature de sa composition, offrira au Gouvernement et aux militaires (depuis le soldat jusqu'au général) toutes les garanties nécessaires à la vindicte publique et à la sûreté individuelle.

Mais avant de me livrer à l'examen critique des lois actuelles sur les tribunaux militaires, sur les formes de procéder devant eux et sur les lois pénales, je trouve indispensable de déterminer avec soin quels sont les délits et quelles sont les personnes dont le jugement doit appartenir à des tribunaux militaires, pour recevoir l'application du Code pénal militaire.

DES DÉLITS ET DE LA JURISDICTION MILITAIRES.

LA justice militaire a pour principal objet de punir tous les délits qui compromettent la sûreté intérieure de l'armée, son service et sa discipline; tous les délits qui ont ces caractères sont donc, par leur *nature*, des *délits militaires* soumis à la connaissance des tribunaux militaires.

Que ces délits soient commis ou par des militaires, ou par des individus simplement attachés à l'armée et à sa suite, ou par des habitans du pays ennemi occupé par l'armée, ou même par de simples particuliers du royaume, les auteurs de ces délits sont justiciables des tribunaux militaires. Nous réclamerions avec force cette disposition nécessaire à la sûreté de l'armée, si nous ne trouvions pas qu'elle résulte suffisamment de l'article 14 de la loi du 3 brumaire an 4, qui étend la jurisdiction des tribunaux militaires à tous les délits commis *dans l'armée*, sans distinction de la qualité des prévenus.

Mais il importe d'observer que, dans l'intérieur et en temps de paix, l'individu non militaire, coupable de *délits contre la sûreté de l'armée*, doit ressortir de la jurisdiction ordinaire, parce qu'alors il n'y a point urgence dans l'application de la peine, ni péril dans le délai.

Ainsi l'espionnage, l'embauchage et la provocation à la désertion sont des délits militaires à l'armée en campagne; mais en temps de paix et dans l'intérieur, ils ne présentent plus ce caractère; et on ne peut se dispenser de modifier à cet égard les dispositions de l'article 9 de la loi du 13 brumaire an 5.

Il ne faut pas qu'on puisse voir se renouveler parmi nous le scandale d'une procédure militaire instruite contre un magistrat, contre un ecclésiastique et des femmes, accusés d'avoir voulu *recruter dans Paris des officiers-généraux* pour les armées ennemies (1).

Quant aux militaires, nous pensons qu'ils doivent être jugés par des militaires, quel que soit le délit dont ils seraient prévenus.

Cette règle est fondée sur le principe général

---

(1) Affaire de Berthelot de la Villeurnoi, ancien maître des requêtes, Charles Brottier, ecclésiastique, et quelques femmes (domestiques), traduits comme embaucheurs devant le conseil de guerre de Paris (en l'an 5).

que tout Français doit être jugé par son juge naturel, et sur la nécessité de donner au militaire des juges instruits des lois et usages militaires, connaissant, appréciant les mœurs des gens de guerre, et dont les arrêts soient à l'abri des préventions que le soldat suppose à l'homme de robe.

On doit considérer aussi que, dans un crime commis par un militaire, il y a eu *nécessairement* une *première* violation de la discipline et des ordres militaires.

Nous proposons par suite de regarder comme non avenu l'avis du Conseil d'État du 30 thermidor, approuvé le 7 fructidor an 12, qui livre tout militaire aux tribunaux ordinaires, s'il s'est rendu coupable d'un délit commun, en congé ou hors de son corps (1).

Et d'abord il doit être souvent difficile de bien déterminer les cas d'application de cet avis ou décret.

On y considère en effet comme *délit com-*

---

(1) Le Conseil d'État, par une décision du 30 frimaire an 14, approuvée le 4 janvier 1806, non émanée sans doute de la section de la guerre, rend même justiciables des tribunaux correctionnels ordinaires, pour délits de chasse, les militaires présens à leurs corps et en pleine activité de service.

mun celui qui blesse les lois générales de l'État, et comme *délit militaire* celui qui enfreint les lois spéciales de l'armée.

Mais quand un délit tel que le pillage, le viol, l'incendie, etc., se trouve classé en même temps au Code pénal militaire et au Code pénal ordinaire, il est alors impossible de décider si le délit est réellement *commun* ou *militaire*. Il convient donc de revenir à cette idée simple, que le délit est militaire par cela seul qu'il est commis par un militaire.

D'ailleurs, si un militaire est jugé par un militaire (1) pour un délit commun (2), ce ne peut être qu'à raison du droit acquis à l'homme de guerre, de n'être jugé que par des juges de sa profession, et de n'être puni que par des peines militaires.

Une absence de son corps, momentanée et autorisée, ne peut enlever au soldat un droit inhérent à son caractère.

Et comme, dans tous les lieux où se trouve un militaire en congé, il est dans le ressort d'une division militaire, il y a possibilité, facilité de le traduire devant des juges militaires, et il ne doit point être distrait de ses juges naturels.

---

(1) Art. 9, loi du 13 brumaire an 5.

(2) Décret impérial, 21 février 1808.

Si des milliers de militaires se trouvaient dans les prisons de la justice civile pour délits communs, à l'instant où l'armée devrait agir, pourquoi les exposer à de longues procédures, et priver l'État des bras de ses guerriers ?

Une loi du 28 avril 1810, sur l'administration de la justice, veut que les généraux *commandant une division* ou un département, prévenus d'un délit de police correctionnelle, soient jugés par la Cour impériale, et poursuivis de la manière prescrite par l'article 479 du Code d'instruction criminelle.

Nous ne pouvons concevoir qu'un général commandant une division, *étant à son poste*, soit justiciable, pour un délit quelconque, de toute autre autorité que de l'autorité militaire.

Nous ne pouvons concevoir que ce général en fonction puisse être traduit et poursuivi devant un tribunal correctionnel, dans le lieu même de son commandement.

Sa seule comparution devant ce tribunal serait une déchéance du commandement dont le Roi l'a investi ; il ne pourrait plus le conserver.

Et s'il ne faut aucune autorisation du Roi pour le mettre en jugement, tout homme malintentionné peut, sous des prétextes controuvés, le traîner en justice et lui faire éprouver des humiliations qui détruisent la considération dont il a besoin pour faire le bien.

Enfin, dans un moment de trouble ou de crise, il dépendrait donc d'une cour de justice ordinaire de faire arrêter et d'enlever à ses fonctions un officier-général chargé par le Roi d'assurer la tranquillité d'une province et d'y faire exécuter de hautes mesures de police.

Tout ramène à cette vérité fondamentale, que, *hors de son corps* comme à son corps, dans l'intérieur comme à l'armée et en campagne, le militaire ne doit être jugé que par des tribunaux militaires, encore que le délit soit ce qu'on appelle un délit *commun*.

Que dit-on en faveur de la maxime contraire?

L'intérêt social est-il blessé, si des militaires absens de leur corps sont jugés par des tribunaux militaires pour délits communs? Mais les tribunaux militaires n'offrent pas moins de garantie au souverain que les tribunaux ordinaires. L'intérêt social exige que les *militaires* soient toujours, et pour tous les cas, soumis à une justice spéciale; de même qu'il exige qu'on soumette à une justice spéciale les *grands fonctionnaires* que la nature de leurs fonctions place hors ligne (1).

---

(1) Il semble que tout ce qui est dépositaire ou agent de l'autorité, depuis le ministre jusqu'à l'officier municipal, ou au juge de paix, a un caractère *spécial* dans l'État. — Il

On nous dit que la justice militaire est une justice d'*exception*, qui doit être restreinte autant que possible.

Aussi nous n'étendons son exercice sur des individus non militaires, qu'*à l'armée*, et loin des tribunaux ordinaires.

Veut-on conserver à la *justice civile* la belle prérogative de faire ou dire *droit* à tous les Français militaires et bourgeois, en tout ce qui est propriété mobilière et immobilière? Nous sommes loin d'émettre une opinion contraire; nous ne parlons point ici de la justice civile : il ne s'agit que de la *justice répressive*.

Or, la justice répressive, établie pour assurer la conservation et la discipline de l'armée, n'est pas moins propre et commune à l'armée, que la justice répressive ordinaire de la cité n'est propre et commune aux citoyens.

---

semble que toutes les personnes liées envers le Souverain par des *devoirs* spéciaux, ont, par réciprocité, droit à une *protection spéciale*. — Il semble que nos lois devraient établir sur une vaste échelle le système des *garanties* dites *constitutionnelles*, et qui, en certains cas, seraient mieux qualifiées *garanties royales*. — Nous abandonnons cette idée à la méditation des hommes d'État pour en apprécier la justesse et en développer les conséquences; il nous suffit de conclure, par majorité de raison, qu'il est absurde de vouloir soumettre des soldats à la jurisdiction ordinaire.

Sans

Sans doute on peut dire, par abstraction, que le corps social embrasse tout à la fois et le peuple et l'armée, les citoyens et les militaires. Mais la justice répressive *ordinaire* n'est pas établie pour le corps social tout entier; elle n'est établie que pour réprimer les délits commis contre la grande portion du corps social qui ne fait pas partie de l'*armée* (de terre ou de mer).

Lorsque nos mœurs ont changé, lorsque toutes les branches de l'administration se sont perfectionnées, il ne faut pas que la législation militaire reste en arrière des institutions et des mœurs du siècle.

Avant la formation des *armées permanentes*, quand, après la campagne, tout soldat redevenait citoyen et rentrait naturellement sous l'empire des lois civiles, il fut permis de considérer la justice militaire comme une *justice extraordinaire*, puisque l'armée elle-même était un corps de citoyens armés par extraordinaire: dans ces temps reculés, la justice militaire pouvait être qualifiée justice d'exception.

Mais il n'en fut pas de même depuis qu'il y eut dans l'État un corps permanent et soldé, soumis à des réglemens particuliers.

Dès-lors il y eut nécessité d'imposer à l'*homme d'épée* certains devoirs plus rigoureux, de le contenir par des peines plus sévères, de décider de son sort avec des formes plus rapides, surtout en temps de guerre; mais il fallut aussi lui accorder, sinon des *prérogatives*, au moins une *garantie* qui fût le dédommagement des sacrifices imposés par la loi militaire. Aussi, en soumettant l'homme d'épée à des peines *spéciales* pour toutes espèces de *crimes*, on dut lui donner des juges *spéciaux*, procédant avec *célérité* et *impartialité*.

C'est une vérité que ne peuvent méconnaître les plus sages penseurs et les hommes les plus versés dans les usages de la justice civile ou militaire.

Si nos rois s'écartèrent de cette règle, ce fut sans doute par ménagement pour les grands corps judiciaires, alors en possession de vouloir tout ramener à leur autorité, rivale de celle du souverain.

L'abolition des Parlemens aurait permis d'établir la justice militaire sur ses véritables bases, d'assurer aux gens de guerre de n'être jamais jugés que par des hommes de leur profession. Mais l'Assemblée constituante donna aux esprits et aux lois une autre direction.

Elle voulut que le militaire se considérât plutôt comme *citoyen* que comme *soldat*, plus lié par ses *devoirs civils* que par ses *devoirs militaires*; et pour atteindre ce but, il fallut maintenir, à son égard, la distinction des *délits communs* et des *délits militaires*, et soumettre le soldat aux tribunaux ordinaires pour tous les *délits communs*.

Cependant la force des choses et les leçons de l'expérience ne tardèrent pas à reproduire cette vérité fondamentale, que la connaissance de tout délit commis par un homme d'épée, appartient à des juges militaires.

L'article 290 de la Constitution de l'an 3 établit en principe, que « l'armée de terre et de » mer est soumise à des lois particulières pour » la discipline, la forme des jugemens et la na- » ture des peines. »

Et l'article 85 de la Constitution de l'an 8 prononce également que « les délits des militaires » sont soumis à des tribunaux spéciaux et à des » formes particulières de jugemens. »

On a pu réclamer contre l'usage introduit par nos lois nouvelles (du 3 pluviôse an 2 et du 13 brumaire an 5), d'attribuer à des tribunaux d'armée, la connaissance des délits purement *communs*, non compris au Code pénal militaire.

On a pu soutenir que des juges pris dans les camps sont rarement assez *instruits* pour déclarer le *fait*, et appliquer la *loi* en matière de *faux*, de *bigamie*, de *concussion*, etc.

Mais on a été forcé de reconnaître que cela ne pouvait être autrement réglé en campagne, et que les besoins de l'armée commandaient impérieusement de semblables dispositions.

Or, le principe étant consacré, il ne faut pas contester sur l'application; et l'homme réputé capable d'être juge à l'armée ne peut plus être repoussé, pour cause d'incapacité, dans un tribunal militaire de l'intérieur.

Lorsqu'on se demande pourquoi Napoléon voulut distraire les militaires de leurs juges naturels, et les soumettre aux juges ordinaires pour les délits commis en *congé* ou hors de leurs *corps*, on est tenté de croire qu'il voulut en cela confondre les élémens de la justice militaire avec ceux de la justice civile, par suite d'une combinaison politique; et que si le soldat fut distrait de sa jurisdiction naturelle, ce fut pour accoutumer les esprits à voir traduire les citoyens devant des commissions militaires, qui sont presque toujours des instrumens de mort entre les mains de l'homme qui a la suprême puissance.

Tenons donc pour règle générale, que le guerrier ne doit être jugé que par des hommes de guerre.

Mais jusqu'où doit s'étendre la qualification de *militaire*, quand il s'agit de la jurisdiction militaire?

Grande et importante question, dans ce moment surtout, où beaucoup d'officiers ont cessé d'être en activité sans cesser d'être militaires.

A cet égard examinons d'abord ce qui est d'usage, d'après les réglemens actuels.

On considère comme justiciables des *tribunaux militaires* (outre les militaires à leurs corps et les employés de l'armée) :

Les *invalides*, soumis au régime et à la discipline militaire;

Les *vétérans*, s'ils sont soldés et enrégimentés;

Les *canonniers garde-côtes*, s'ils sont non sédentaires (1);

Les *prisonniers de guerre* étrangers (2);

Les *gardes nationales* en réquisition (3);

Les *compagnies de réserve* départementales (4);

Les *compagnies franches* (5).

Nous n'avons pas d'objections à présenter contre ce qui est ainsi réglé relativement à ces diffé-

---

(1) Décret cons., 8 prairial et 11 thermidor an 11.

(2) Arrêté cons., 17 pluviôse an 8.

(3) Décret impér., 12 novembre 1806 et 15 janvier 1808.

(4) Décret impér., 24 floréal an 13.

(5) Arrêté cons., 26 prairial an 11; décret impérial, 9 ventôse an 13.

rentes classes de militaires ; mais nous ajouterons qu'il est indispensable de considérer comme justiciables des conseils de guerre (1), pour toute espèce de délits, non-seulement les militaires en activité permanente ou temporaire, mais encore ceux en non-activité provisoire, parce qu'ils restent disponibles.

Les habitudes, les mœurs de ces officiers, et tout, jusqu'à leurs projets, doit être militaire.

Et certes, ce n'est point à titre rigoureux que nous proposons de les soustraire à la juris-

---

(1) Les articles 97 et 98, titre VIII de la loi du 28 germinal an 6; avis du Conseil d'État du 8 vendémiaire an 12, disposent que les gendarmes ne sont justiciables des conseils de guerre que pour délits commis dans la discipline militaire : c'est par les tribunaux ordinaires qu'ils sont jugés, pour tous délits communs, même pour tous délits commis dans le service, s'ils sont relatifs *à celui de la police générale.* — Il est remarquable que l'avis du Conseil d'État ajoute, *y eut-il complication de délit militaire.*

Si le service de la gendarmerie n'était aujourd'hui que le service de l'ancienne maréchaussée, elle devrait, à notre avis, être comme autrefois justiciable de tribunaux militaires, composés de juges pris dans cette arme ; mais si elle est chargée d'un service *relatif à la police générale,* il serait difficile qu'un tribunal militaire ou ordinaire pût, *en audience publique,* juger un gendarme prévenu d'un délit relatif *au service de la police générale.* Ce service se fait dans l'ombre, tout y est mystère ; et, dans les dogmes de la police, la révélation de ses secrets est un sacrilége.

diction ordinaire ; nous avons en vue, au contraire, de leur assurer une prérogative, en ne les faisant juger que par leurs pairs.

Toutefois nous déclarons, avec franchise, que, si l'organisation actuelle des tribunaux militaires ne devait pas être changée, nous ne ferions pas une telle proposition, et qu'avec la *dépendance* des juges militaires, nous aimerions bien mieux voir *étendre* que *restreindre* les attributions des tribunaux ordinaires.

Quant à l'officier en retraite absolue, nous avons déjà dit qu'il était définitivement rentré dans la classe des citoyens : il n'est plus vrai pour lui, que les juges militaires soient ses juges naturels : étant perdu pour l'armée, il n'est plus utile à l'État qu'il conserve l'esprit militaire ; au contraire, il importe beaucoup à l'ordre social que l'officier en retraite joigne les vertus civiques à l'honneur militaire.

L'ARTICLE 10 de la loi du 13 brumaire an 5 assimile aux militaires, et rend justiciables des tribunaux militaires tous les employés de l'armée, et cela est convenable pour tous les délits militaires commis à l'armée et en campagne.

Mais dans l'intérieur, *pour délits communs* étrangers à leurs fonctions d'*employés*, cette assimilation serait monstrueuse.

DE LA COMPLICITÉ ENTRE LES MILITAIRES EE LES BOURGEOIS.

Si le militaire ne doit être jugé que par des juges militaires, il est également vrai que le citoyen ne doit être jugé que par des juges civils.

Mais comment agir, lorsqu'un même crime aura pour auteurs des militaires et des citoyens non militaires ?

La loi du 22 messidor an 4 (ou 10 juillet 1796) consacre, à cet égard, une règle funeste; car, d'après ses dispositions, le *non militaire* attire devant ses juges le *militaire*, quel que soit le crime ou le délit dont ils sont prévenus l'un et l'autre ; et à cet égard, point de distinction : que le crime soit militaire ou commun, qu'il ait été commis en paix ou en guerre, dans l'intérieur ou en campagne, il faut, suivant cette loi, que tout délit militaire soit jugé par des tribunaux ordinaires, si, parmi ses nombreux auteurs ou complices, il se trouve un seul particulier non militaire.

A mon avis, la justice militaire doit frapper (sans distinction de personnes) tous les coupables d'attentats contre la sûreté de l'armée. Ainsi l'exige la plus impérieuse des lois.

Le complice d'un militaire doit donc être jugé par

par des tribunaux d'armée, quand il s'agit d'un délit essentiellement militaire; et encore quand il s'agit d'un délit commun, à l'armée en campagne.

Et réciproquement, le militaire complice d'un bourgeois devient justiciable des tribunaux ordinaires quand il s'agit d'un délit commun; commis dans l'intérieur.

C'était le vœu de la loi du 3 pluviôse an 2, art. 3. On ne conçoit pas que celle du 22 messidor an 4 ait pu y déroger sans aucune exception.

A cet égard nous devons rappeler une disposition de l'ancien Code militaire.

L'ordonnance du 4 novembre 1651 avait établi que la connaissance *de tout crime de soldat à habitant, s'il était commis dans une garnison*, serait dévolu aux juges ordinaires de la garnison. Mais une disposition additionnelle du 10 septembre 1716 ordonna que, dans l'intérêt du militaire, le prévôt des bandes serait appelé parmi les juges ordinaires.

Faudrait-il, par analogie, appeler un militaire ou un magistrat pour prendre *voix consultative* dans toutes affaires où seraient impliqués tout à la fois des militaires et des bourgeois complices ou co-auteurs des mêmes délits militaires ou communs?

Nous pensons que cette institution ancienne ne convient plus à nos mœurs.

La publicité des audiences, la composition spéciale que *nous* établirons, et le secours des défenseurs, donneront une garantie suffisante aux bourgeois devant la justice militaire; et les militaires seront toujours sans défiance devant la justice ordinaire, quand elle sera compétente.

Caractères essentiels de la justice militaire.

Passant à l'examen de la composition, de la compétence et des formes des tribunaux militaires, nous observons que l'organisation de la justice répressive est tout-à-fait défectueuse, lorsqu'entre un grand nombre de tribunaux divers, il est embarrassant de désigner celui qui est chargé par la loi de juger le crime qu'il importe de punir.

La justice militaire doit être simple dans son organisation. Il faut, comme nous l'avons déjà dit, que sa marche soit rapide sans être alarmante, et qu'elle présente une garantie suffisante à la sûreté individuelle et à la vindicte publique.

Pour être efficace, l'exemple doit être fait à l'instant. La mort, considérée comme un spectacle effrayant pour l'habitant des villes, n'est rien aux yeux d'un guerrier accoutumé aux champs de bataille, lorsqu'il y a un tel intervalle entre le châtiment et le crime, que le souvenir en est perdu.

Les délais équivalent à l'impunité, sont la source de mille autres crimes; et pour atteindre ensuite les nombreux coupables qu'excite cette impunité, il faut verser un sang précieux à l'État.

Ainsi les jugemens rendus par la justice militaire doivent être exécutés *sur-le-champ*, sans être soumis à aucun recours, ni d'appel, ni de révision, ni de cassation.

Il y a, sans doute, dans le fond de nos cœurs, ou dans la force de nos habitudes, une tendance à réclamer au nom de l'humanité la voie d'un recours quelconque; mais l'intérêt de l'armée proscrit cette sensibilité mal entendue, comme la plus funeste des erreurs.

Si les grands fonctionnaires de l'État, que la Charte constitutionnelle fait juger par la Chambre des Pairs; si les généraux et commandans que le sénatus-consulte du 28 floréal an 12 envoyait à une haute Cour impériale, sont tous soumis à une justice souveraine prononçant sans appel, ni révision, ni cassation, il faut évidemment en conclure que, pour les prévenus, l'avantage de pouvoir exercer des recours, cède à l'avantage de n'être jugés que par des hommes dont le caractère offre la plus rassurante garantie.

La justice militaire, quelque prompte, quelque rapide qu'elle soit, n'en sera pas moins rassurante pour les prévenus, quand elle leur donnera garantie suffisante sur les lumières et l'impartialité de leurs juges.

Pour qu'il y ait certitude d'*impartialité* dans les juges militaires, il ne faut pas que la mise en jugement puisse, en aucun cas, être l'effet du caprice ou de la passion.

Surtout il ne faut pas que la nomination des juges soit arbitraire.

Une autorité qui traduit un prévenu en jugement, ne peut, sans le plus épouvantable privilége, s'immiscer dans la nomination des juges qui doivent prononcer sur le sort de ce prévenu.

Il y a égale tyrannie, si cette autorité peut déterminer pour chaque prévenu, et selon qu'il lui plaît, l'organisation et les attributions du tribunal extraordinaire par qui elle le fait juger.

Il n'y a point de garantie sur l'*impartialité* des juges militaires, quand leur suffrage peut être influencé d'une manière presque irrésistible.

Et le dernier terme de l'injustice faite à un prévenu, serait de lui montrer, parmi ses juges, un homme ignorant, passionné, et son ennemi capital, sans lui laisser la faculté de l'éloigner.

Dans l'examen sommaire que nous allons faire des tribunaux militaires, dont l'existence est autorisée par des lois, des décrets ou des usages, nous aurons à parler des *conseils de guerre permanens*, des *conseils de révision*, des *conseils de guerre spéciaux*, des *conseils de guerre extraordinaires*, des *commissions militaires* et des *justices prévotales*.

Et si nous rappelons comment, au-dessus de ces tribunaux, il y avait encore la *haute Cour* dite *impériale*, créée le 20 floréal an 12, pour juger des militaires d'une certaine classe et pour certains délits; si nous considérons que le *Conseil d'État* et même la *Cour de cassation* sont dans l'usage de censurer et d'annuller les jugemens militaires, il sera démontré que notre justice militaire est un chaos, une monstruosité.

De la haute Cour, dite impériale.

La création d'une haute Cour impériale, composée de juges pris dans tous les ordres de l'État et parmi ses premiers fonctionnaires, a pu séduire un instant; mais la pratique a bientôt fait connaître que c'était une erreur en politique et en administration.

En politique, on devait craindre qu'une autorité qui avait dans son sein les hommes les plus éminens par leurs emplois et leur crédit dans le royaume, ne devînt à la longue, et dans des momens de crise, un foyer d'innovations et de désordres, et ne fût une arme offerte aux factions.

Cette colossale autorité, qui ne devait être mise en mouvement que par le souverain, aurait pu, dans un interrègne, sous une régence, étayer une convocation spontanée et des actes inconstitutionnels, sur les prétextes qui ne manquent jamais aux mécontens, aux ambitieux et aux usurpateurs.

En administration, on devait savoir qu'il était inconvenant de soumettre à des légistes et à des financiers l'examen des opérations d'un général d'armée, et de leur faire décider si une attaque avait été bien dirigée, une défense bien soutenue, une retraite bien conduite.

Lorsque la Charte constitutionnelle a disposé que les pairs ne seraient jugés que par leur chambre, elle a, il est vrai, rendu tous les membres de cette chambre juges, à certains égards, des délits et opérations militaires; mais dans des lois organiques, il sera peut-être statué relativement au jugement des pairs appartenans à l'état militaire, et prévenus d'un crime commis à l'armée : peut-être alors la jurisdiction de chambres sur le prévenu se bornera à autoriser et régler sa mise en jugement.

Je suis bien convaincu que, dans tous les cas, le mode de procéder devant la chambre des pairs, ainsi érigée en tribunal, sera tel, que le ministère public ne pourra y être confié qu'à des hommes d'une profession analogue à celle des prévenus.

Ainsi, pour juger un pair militaire, à raison d'un délit militaire, le ministre de la guerre, ou un ministre d'État, homme d'épée, porterait la parole pour la vindicte publique; et pour le jugement d'un pair non militaire, le chancelier de France, ou un ministre d'État de l'ordre de la magistrature, remplirait les fonctions d'accusateur.

Supposons qu'un officier-général de l'arme du génie ou de l'artillerie eût été traduit devant la haute Cour impériale, comme coupable de n'avoir pas fait, pour l'attaque et pour la défense d'une place, les ouvrages prescrits par les règles de l'art.

Supposons que les travaux eussent été présentés comme tellement défectueux, tellement mal entendus, qu'ils dussent faire présumer la trahison.

Comment l'homme de robe, à qui les dénominations des ouvrages de fortifications sont même inconnues, pourrait-il suivre les discussions de détail dans lesquelles entrerait nécessairement le général accusé? et ne s'exposerait-on pas à voir une salle de justice transformée en une salle de comédie, où *Jodelet* vanterait sa *lune tout entière* (1)?

Des conseils de guerre permanens.

Avant de parler des conseils de guerre permanens et des conseils de révision, qui constituent aujourd'hui la justice militaire en France, il importe de rappeler brièvement les anciennes institutions analogues, et les modifications qu'elles ont souffertes.

Sous nos anciens rois, des conseils de guerre étaient convoqués, 1°. dans les places, pour prévenir et pour punir les délits militaires (2); 2°. à l'armée, pour donner leur avis dans les jugemens prévotaux (3).

L'Assemblée constituante voulut que l'institution du jury fût étendue aux militaires (4).

---

(1) Et s'il s'agissait d'une bataille navale, et des manœuvres de l'amiral ! ! !

(2) Déclaration du Roi, du 1er. mars 1768.

(3) Ordonnance de Henri III, de décembre 1584.

(4) Art. 7, loi des 22, 29 septembre, 29 octobre 1790.

Les

Les Cours *martiales*, établies par suite, donnèrent aux prévenus une garantie très-grande dans l'impartialité de leurs juges.

Mais la justice militaire, pleine d'entraves, n'eut plus la *célérité* qui est de son essence.

La loi des 22 septembre et 29 octobre 1790 disait bien (art. 76) « que les jugemens des Cours « martiales seraient exécutés sur-le-champ ; » mais autant il y avait de célérité dans l'exécution, autant il y avait de lenteur dans l'instruction. On a remarqué, avec raison (1), que le concours de quarante-cinq personnes était nécessaire pour arriver au jugement définitif d'une Cour martiale.

Cette législation de 1790 offrait aussi de bien graves inconvéniens, en ce qu'elle laissait les gens de guerre soumis à la juridiction ordinaire pour tous les délits non militaires par eux commis dans le royaume, même en temps de guerre ; ce qui ôtait à l'armée une prérogative qu'exige sa sûreté.

Par la loi du 16 mars 1792, on voulut faire cesser cet abus dans l'armée en campagne ; mais la multiplicité des rouages employés pour l'exercice de la justice militaire laissa subsister la fatale lenteur.

---

(1) *M. Le Graverand*, Traité de la procédure criminelle devant les tribunaux militaires.

Un décret du 12 mai 1793 établit des tribunaux criminels en remplacement des Cours martiales. Pour accélérer l'instruction, ce décret établit des accusateurs militaires et des officiers de police de sûreté, pris hors de l'armée et choisis par le Pouvoir exécutif (art. 8, tit. Ier). Mais la loi n'exigeait pas que ce choix tombât sur des militaires; c'était introduire dans la justice militaire un alliage hétérogène.

Et quand on voit que ces instigateurs de la justice militaire étaient chargés de poursuivre tous les généraux de l'armée (art. 3, tit. III); quand on voit surtout que les soldats étaient excités à dénoncer leurs généraux (art. 4), on sent bien que ces élémens révolutionnaires devaient enfanter l'anarchie plutôt que l'*ordre*.

Un décret du 3 pluviôse an 2 voulut que le président, le vice-président, l'accusateur militaire et son substitut fussent tous nommés par la Convention nationale : institution alarmante pour la sûreté individuelle, et onéreuse au trésor public.

Il est inutile de rappeler le décret du deuxième jour complémentaire an 3, dont les dispositions ne conservent aucune importance.

Attachons-nous à l'examen des conseils de guerre et de révision, institués par la loi du 3 brumaire an 5 et du 18 vendémiaire an 6;

c'est en ce moment le système général de la justice militaire.

D'abord la dénomination de *conseil de guerre* a l'inconvénient d'être *équivoque ;* elle s'applique à toute assemblée tenue à l'armée, ou dans une place, soit pour délibérer sur le parti à prendre dans quelque circonstance difficile, soit pour attaquer l'ennemi ou pour l'éviter, soit enfin pour juger quelque délit militaire.

Nous remarquons ensuite un vice inhérent à ces conseils de guerre, qui sont composés d'une égale manière pour juger un officier et pour juger un soldat. La différence dans la qualité des prévenus ne change rien à la composition de ces conseils. Dans tous les cas, selon l'article 2 de la loi du 13 brumaire an 5, sept membres forment ce conseil de guerre ; savoir : un chef de brigade, lequel remplit toujours les fonctions de président ; un chef de bataillon ou un chef d'escadron ; deux capitaines ; un lieutenant, un sous-lieutenant et un sous-officier.

Un autre capitaine fait les fonctions de commissaire du Pouvoir exécutif, tant pour l'observation des formes que pour l'application et l'exécution de la loi.

A la vérité, la force des choses a produit quelques changemens dans cette composition trop uniforme. On a donné des juges d'un grade plus élevé aux généraux de division ou de brigade (1), aux adjudans-commandans, aux colonels, majors, chefs de bataillon (2), et encore aux commissaires de guerre ou aux inspecteurs aux revues (3).

Mais ces modifications insuffisantes, apportées à la loi du 13 brumaire an 5, ramènent au principe, que chaque conseil de guerre doit avoir une composition réglée suivant le grade du prévenu.

Il semble aussi qu'il eût fallu composer les conseils de guerre d'officiers particulièrement versés dans la connaissance des affaires, quand le délit à juger n'étant pas classé au Code pénal militaire, les juges se trouvent obligés de consulter et de méditer les nombreuses dispositions de la justice criminelle ordinaire.

Mais comment pouvoir s'assurer de tels choix? Disons plutôt que, pour éviter toute complication et tout embarras sur ce point, il eût fallu n'admettre dans les conseils de guerre que des officiers d'un grade élevé, parce que, dans la profession militaire, la supériorité du grade fait présumer la supériorité des talens et des connaissances.

---

(1) Loi du 4 fructidor an 5, art. 10.

(2) Décret du 3 novembre 1807.

(3) Loi du 4 fructidor an 5, art. 14; arrêté consul. 19 germinal an 10.

Les conseils de guerre établis en conformité de l'article 2 de la loi du 13 brumaire an 5, ne sont pas plus rassurans sous le rapport de l'*impartialité* que sous le rapport des lumières.

Un sous-officier, ou même un sous-lieutenant, accoutumé à respecter un colonel, un lieutenant-colonel, etc., à faire taire sa raison devant la raison de ses chefs, ne peut moralement pas *voter* en un sens qu'il sait réprouvé par ses supérieurs, quand le suffrage est donné *oralement*, ainsi qu'il est d'usage dans tous les tribunaux militaires et civils.

Mais ce qu'il y a de plus alarmant encore sur l'*impartialité* des juges militaires, dans la composition prescrite par la loi du 13 brumaire an 5, c'est le pouvoir monstrueux du commandant en chef de la division.

Il a ordonné la mise en jugement d'un prévenu (art. 12); il a nommé à son gré les membres du conseil de guerre, et il a pu y placer des hommes dont l'ignorance, le dévouement ou la facilité assurent la condamnation de celui qu'il aura voulu désigner pour victime (art. 4).

Et non-seulement, le commandant de division, instigateur des poursuites criminelles, nomme à son gré les juges militaires, mais c'est encore à son gré qu'il les change et les révoque (art. 5).

La loi dit (il est vrai) que « ce changement » ne pourra avoir lieu pour le jugement d'un » délit à raison duquel le prévenu sera arrêté, » ou l'information commencée. »

Mais quel est le frein légal imposé au commandant qui voudrait violer cette disposition? N'a-t-il pas d'ailleurs mille moyens d'éloigner le juge qui lui paraîtrait indocile, en lui donnant une mission ou en le chargeant d'un service quelconque?

Laisser à l'arbitraire du commandant en chef de la division, la nomination, le déplacement et le remplacement des membres des conseils de guerre, c'est lui donner pour ainsi dire droit de vie et de mort sur ses subalternes; c'est inspirer un juste effroi à l'innocence; c'est enlever aux justiciables toute garantie.

Nous ne parlons pas ici des abus qui se sont commis; nous parlons de ceux qui pourraient se commettre; et nous sommes convaincus que tous les militaires instruits, expérimentés, tous les gens d'honneur se rallieront à notre opinion.

Si les accusés avaient pour ressource la *récusation péremptoire*, sans être obligés d'énoncer des motifs, cette faculté présenterait quelque garantie.

Une loi du 23 vendémiaire an 4 avait établi

cette règle tutélaire en toute matière criminelle ou civile.

Elle aurait dû se retrouver dans les Codes ultérieurs du 3 brumaire an 4 et du 13 brumaire an 5.

Aujourd'hui, et selon le Code d'instruction criminelle de 1810, dans les matières criminelles ordinaires, l'accusé et le ministère public peuvent, sur trente *jurés*, ou juges du fait, en récuser péremptoirement *dix-huit;* il suffit à la loi que douze sur trente restent pour juges.

Et cependant les jugemens par *jurés* sont soumis à la *cassation*, et même à la *révision*.

A plus forte raison il eût fallu introduire la voie de *récusation péremptoire* dans les jugemens militaires, lorsque surtout la loi du 13 brumaire an 5 leur donnait exécution sur-le-champ.

Il est vrai qu'il ne fallait pas s'exposer à voir des récusations sans motif s'opposer invinciblement à la formation des conseils de guerre. Mais en restreignant et réglant cette faculté, on aurait pu concilier tout ce qu'exige la rapidité de la justice militaire et la protection due à l'innocence.

La loi du 13 brumaire an 5 ne donne aucune garantie à la sûreté individuelle : toutes les dispositions semblent donner au commandant de la division militaire une influence absolue sur les jugemens des conseils de guerre; et cependant elle ordonne (art. 31) que ces jugemens, réputés souverains, soient exécutés dans les vingt-quatre heures.

L'EXÉCUTION *sur-le-champ* est un grand bien *dans la* justice militaire; mais il faut qu'à tous les yeux la condamnation exécutée ait un caractère de justice. Malheur à l'autorité quand ses décisions inspirent la défiance, l'effroi ou l'indignation !

DES CONSEILS DE RÉVISION.

A peine les conseils de guerre eurent été institués avec faculté de juger sans appel, ni cassation, que les abus de cette souveraineté dans la justice militaire furent nombreux et crians.

Les instigateurs et les juges purent violer inopinément toutes les formes et toutes les convenances : il n'y eut qu'un cri contre l'institution des conseils de guerre, d'après la loi du 13 brumaire an 5.

On demanda généralement que les jugemens fussent annullés,

1°. Lorsque le conseil de guerre n'aurait pas été formé de la manière prescrite par la loi;

2°. Lorsqu'il

2°. Lorsqu'il aurait outre-passé sa compétence, soit à l'égard des prévenus, soit à l'égard des délits dont la loi lui attribue la connaissance ;

3°. Lorsqu'il se serait déclaré incompétent pour juger un prévenu soumis à sa jurisdiction ;

4°. Lorsque l'une des formes prescrites par la loi n'aurait point été observée, soit dans la formation, soit dans l'instruction ;

5°. Enfin, lorsque le jugement ne serait pas conforme à la loi dans l'application de la peine.

Toutes ces notions, puisées dans les Codes de la justice ordinaire, pourraient, peut-être, être appliquées à la justice militaire *en temps de paix*, ou dans l'*intérieur du royaume*.

Mais elles sont impraticables à l'armée, où la sûreté de tous exige la plus grande célérité dans l'administration de la justice.

Cependant il arriva que la loi du 18 vendémiaire an 6 établit, pour toutes les troupes de la république, un conseil de révision permanent dans chaque division d'armée et dans chaque division des troupes employées dans l'intérieur.

Ces conseils de révision furent destinés à réviser, casser et annuller les jugemens des conseils de guerre rendus incompétemment, illégalement, à charge de renvoi devant un nouveau conseil de guerre établi dans la même division (1).

Et pour que les procédures instruites par les conseils de guerre pussent être révisées en *connaissance de cause*, il fallut avoir soin de constater, par de nombreux et immenses procès-verbaux, que les formalités même les plus minutieuses avaient été observées. Ainsi l'esprit de la *robe* et de la *chicane* s'infiltra dans la procédure des conseils de guerre. Les présidens et le ministère public furent obligés de devenir, ou de tâcher de devenir des *criminalistes consommés;* les greffiers furent accablés d'*écritures* nécessairement mal faites, mal payées et bien inopportunes dans des greffes de justice militaire.

L'exécution sur-le-champ des jugemens des conseils de guerre avait produit l'alarme; la *révision* établie par la loi du 18 vendémiaire an 6 produisit l'*impunité*, ou une complication de procédures, une lenteur aussi funeste que l'impunité.

A l'armée, les premier et deuxième conseils de guerre, et les conseils de révision, nuisent plus à la discipline qu'ils ne contribuent à la maintenir.

---

(1) Art. 16 et 19, loi du 18 vendémiaire an 6.

Cette loi étend un principe déjà consacré par celle du 17 germinal an 4.

La réunion des juges épars dans les régimens, et qu'il faut appeler fréquemment au quartier-général de la division pour former *trois conseils* de guerre, est toujours difficile, et contrarie la marche du service.

Suivant la position de l'armée devant l'ennemi, et les mouvemens faits par les corps d'armée auxquels appartiennent les juges militaires, cette réunion est quelquefois impossible.

Pendant la durée des longues procédures, le coupable, traîné à la queue des colonnes, est délivré par une attaque de l'ennemi, ou sauvé par ses camarades qui désertent ensuite avec lui.

Les inconvéniens sont moins graves dans l'intérieur; mais dans l'intérieur même, les formes introduites par la loi du 18 vendémiaire an 6 ne peuvent s'appliquer à une procédure militaire, dont l'instruction doit être sommaire, et ne laisser pour ainsi dire aucun vestige (1).

(1) L'idée de conserver la *révision* pour les *jugemens militaires de l'intérieur* aurait quelque chose de spécieux, surtout si on ne devait avoir qu'un tribunal unique, siégeant à Paris, servant de régulateur à tous les tribunaux militaires, connaissant de tout *conflit* et de toute demande, soit en *forfaiture*, soit en *prise à partie*; mais tout cela ôterait à la justice militaire son plus beau caractère, la simplicité, la célérité; il arriverait nécessairement que les formes et les subtilités de la chicane établiraient leur empire; d'ail-

Tels sont les vices essentiels qui commandent de remplacer les premier et deuxième conseils de guerre, et les conseils de révision établis par les lois des 13 brumaire an 5 et 18 vendémiaire an 6, par un nouvel ordre judiciaire militaire.

DES CONSEILS DE GUERRE SPÉCIAUX.

L'EXPÉRIENCE, qui a démontré la défectuosité de la loi du 13 brumaire an 5 et de la loi du 18 vendémiaire an 6, sur les conseils de guerre et les conseils de révision, a proscrit également les conseils de guerre spéciaux, créés par la loi du 19 vendémiaire an 12, pour juger les soldats déserteurs et conscrits réfractaires.

Napoléon pouvait-il établir des tribunaux militaires spéciaux contre les dispositions de la loi du 13 brumaire an 5? Pouvait-il faire juger, par des juges spéciaux, un délit que cette loi attribuait à des conseils de guerre permanens, juges ordinaires de l'armée? Il est inutile de discuter cette question.

---

leurs, cette bigarrure de jurisprudence aurait mille inconvéniens. Un condamné repris après s'être évadé, aurait ou n'aurait pas le bénéfice de la révision, serait mis à mort, ou pourrait conserver la vie, selon qu'il aurait été condamné dans tel lieu ou dans tel autre. Au total, il n'y a pas de révision pour les jugemens des commandans en chef, jugés par de hautes Cours : donc la *révision* n'est pas de l'*essence* des jugemens militaires.

Au fond, les conseils de guerre speciaux, établis par décret de Napoléon, avaient une composition préférable à celle des conseils de guerre permanens, établis par la loi du 13 brumaire an 5, en ce que les sept membres exigés par le décret du 19 vendémiaire an 12 étaient, un officier supérieur, quatre capitaines et deux lieutenans (art. 17).

Le ministère public n'est pas divisé, comme dans la loi du 13 brumaire an 5, entre un *rapporteur* destiné à faire ressortir la culpabilité, et un *commissaire* du Gouvernement destiné à requérir l'observation des formes et l'application de la loi. Les fonctions de capitaine rapporteur et de commissaire du Gouvernement sont confiées à un officier d'état-major, ayant au moins le grade de lieutenant, ou à un officier de gendarmerie.

Les jugemens rendus par ces conseils de guerre spéciaux ont l'avantage de n'être soumis, ni à l'appel, ni à la révision, ni à la cassation (art. 42).

Cependant, après le jugement, il reste une chance en faveur de l'innocence et de l'humanité.

Un décret du 23 novembre 1811 autorise le commandant d'armes ou le général de brigade, qui aura convoqué le conseil de guerre spécial, d'ordonner un *sursis* à la condamnation à mort, *en raison des circonstances qui pourraient atténuer le crime des condamnés.* En ce cas, le commandant doit adresser au Gouvernement copie du jugement de condamnation, *au bas de laquelle il inscrira les motifs qui l'ont déterminé à prononcer le sursis* (art. 3 et 4).

Chacune de ces dispositions isolées nous paraît un pas vers le bien : et nous aurons soin de les rappeler en présentant notre plan.

Il faut cependant remarquer que, dans le décret du 19 vendémiaire an 12, comme dans la loi du 13 brumaire an 5, le mode de nomination des juges militaires ne laisse aux prévenus aucune espèce de garantie sur les lumières et sur l'impartialité de leurs juges.

En parlant des conseils de guerre spéciaux, établis pour le jugement des déserteurs et des conscrits réfractaires, nous avouerons l'étonnement que nous ont fait éprouver deux avis du Conseil d'État, du 4 juillet 1813 et du 1er mars 1814 : ce sont deux décisions portant que « des » condamnations de déserteurs, prononcées par » des conseils de guerre spéciaux, doivent être » déclarées nulles et non avenues, pour irrégu» larité dans la composition de ces conseils. »

Voilà donc une *révision* des jugemens militaires par le *Conseil d'État.*

Que le Prince ait rigoureusement le droit d'an-

nuller *tout excès de pouvoir* de la part des autorités qu'il a instituées pour *rendre la justice* ou pour *administrer l'État*, c'est l'apanage essentiel de la royauté, si, à cet égard, elle n'est pas limitée.

Mais nous pensons qu'il est sage de s'abstenir de l'exercice de ce droit, et qu'il serait inconvenant de soumettre à l'examen du Prince les jugemens militaires.

La censure des condamnations qui sont restées sans exécution, donne des regrets sur les condamnations qui ont été exécutées ; elle provoque la haine et le mépris contre l'autorité militaire qui les a prononcées. Or, on ne saurait trop appeler la confiance et la considération sur les tribunaux, dont les jugemens intérieurs sont, de leur nature, souverains et exécutoires sur-le-champ.

Ce que nous venons de dire ici contre l'annullation des jugemens rendus par des conseils de guerre spéciaux, va se reproduire, et avec bien plus de force, en parlant des conseils de guerre extraordinaires.

DES CONSEILS DE GUERRE EXTRAORDINAIRES.

L'ARTICLE 101 du sénatus - consulte du 16 floréal an 12 avait, comme nous l'avons dit, établi qu'une *haute Cour*, composée des premiers fonctionnaires de l'État, aurait seule la connaissance des faits de désobéissance des généraux de terre ou de mer qui contreviendraient à leurs instructions.

Cependant il plut à Napoléon de décréter, le 1er. mai 1812, que des conseils de guerre *extraordinaires* jugeraient les généraux et commandans militaires qui auraient capitulé hors des cas où la capitulation est permise.

Par ce décret, Napoléon se réservait le droit exclusif de traduire en jugement les prévenus (article 6), et de nommer ou faire nommer les juges qui devaient prononcer.

Ainsi se reproduit sans cesse l'abus monstrueux de désigner des victimes et de choisir les sacrificateurs.

Mais pour affaiblir l'horreur que devait inspirer ce décret impérial, l'article 8 autorise les juges à *commuer* la peine encourue.

Et de plus, l'article 9 autorise le recours en cassation.

Ainsi voilà la Cour de cassation érigée en Cour conservatrice des formes établies pour la procédure militaire, et de toute la législation sur la justice militaire! Il est cependant de principe que la Cour de cassation n'est établie que pour régulariser les décisions des tribunaux et des cours ordinaires, et que l'armée de terre et de mer, ses tribunaux et ses juges, doivent être soumis à des lois spéciales.

Par

Par suite d'une telle censure de la Cour de cassation sur les jugemens des conseils de guerre, le chancelier de France, ministre de la justice ordinaire, se trouverait autorisé à donner des ordres ou des instructions aux conseils de guerre, et à des juges militaires qui ne doivent essentiellement en recevoir que du ministre de la guerre.

Nous ne saurions trop répéter que les *jugemens militaires* ne comportent absolument ni appel, ni révision, ni cassation. Ils ne doivent perdre leur effet que par le recours en grace.

Pour échapper à la *révision*, qui était une institution funeste, on a adopté des mesures plus funestes encore. On a eu recours aux commissions militaires et aux justices prévotales.

Des commissions militaires.

Les commissions militaires sont des tribunaux composés de cinq juges militaires, condamnant à mort et faisant exécuter dans les vingt-quatre heures toute espèce de prévenus, sans appel, ni révision, ni cassation (1).

(1) Quand on dit que ces commissions militaires jugent sans recours en *cassation*, cela signifie qu'il n'y a pas de recours en cassation établi pour ceux qui se laissent prendre et exécuter; mais si le condamné est jugé par contumace, ou échappé après condamnation, le bénéfice de la cassation lui est acquis, au moins dans le cas d'*excès de pouvoir*; ainsi

Et en cela elles offrent un caractère d'utilité pour la discipline de l'armée.

Mais les lois de révolution, qui avaient autorisé l'institution des commissions militaires, avaient été abrogées par la Constitution de l'an 8, tellement que, sous le règne de Napoléon, elles n'existèrent que par lui et pour lui.

Arrêter un prévenu, quel que soit son état, lui donner des juges à sa guise, le faire juger à huis clos, l'assassiner avec le glaive de la loi, c'est ce qu'ont voulu et voudront toujours les créateurs de commissions militaires.

Les commissions militaires eurent en France la plus honteuse origine et la plus terrible destination. Elles se rattachent aux époques les plus fatales de la révolution (1) !

---

le voulait la loi du 21 fructidor an 4 ; ainsi l'entend la Cour de cassation, en vertu de l'article 77 de la loi du 27 ventôse an 8, qui l'autorise à réprimer tous *excès de pouvoir* (ce qui devrait pourtant être restreint aux excès de pouvoir *commis* par la justice ordinaire).

La Cour de cassation a cassé récemment (le 12 juin 1812) un jugement de la commission militaire d'*Aqua pendente* : elle a fait ainsi ce qu'elle n'était pas autorisée à faire, mais elle a empêché un acte d'iniquité. Quelle lacune déplorable dans la législation !

(1) Loi du 9 octobre 1792.
——— 28 mars 1793.

Ces commissions furent moins odieuses quand on les destina à juger les *Barbets* et autres brigands (1), ou même les prisonniers de guerre pour révolte à main armée (2), ou encore les militaires condamnés, soit au boulet, soit aux travaux publics (3).

Mais elles ont repris un caractère révoltant d'injustice, quand elles ont été destinées à juger les *maraudeurs*, alors que la maraude tenait nécessairement au défaut d'administration dans l'armée et au besoin de se nourrir (4).

Enfin, après avoir autorisé les commandans de la Corse et du Piémont à établir des commissions militaires à volonté, le chef du Gouverne-

---

Loi du 9 brumaire an 2.
——— 25 brumaire an 3.
Décret du 9 nivôse an 4.
——— 25 ventôse an 8.
Loi du 15 thermidor an 4.
——— 19 fructidor an 5.

(1) Art. 598, loi du 3 brumaire an 4, et arrêté consulaire du 29 frimaire an 9.

Idem du 12 germinal an 9.

(2) Arrêté gouv. du 17 pluviôse an 8.

(3) Art. 5 et 55; — arrêté consul. du 19 vendémiaire an 12.

(4) Décret impérial du 3 novembre 1806.

ment donna la même autorisation à tous les généraux en chef de l'armée française.

On conçoit qu'à l'armée cette institution ait pu s'établir sans opposition.

Mais on ne conçoit pas que, dans l'intérieur de la France, aucun citoyen ni aucun magistrat n'ait poussé des cris d'indignation lorsque Napoléon annonça qu'il ferait à volonté mettre à mort, par des commissions militaires, tout individu qui exciterait sa haine ou alarmerait son ambition! On eût pu appeler l'arrêté consulaire du 16 fructidor an 10 et le décret impérial du 17 messidor an 12, *la loi de la proscription*. Pour faire inscrire un citoyen sur la table fatale, il suffisait de l'appeler *espion de l'ennemi*, ou *embaucheur*.

Ce fut par une commission militaire que Buonaparte fit immoler le duc d'Enghien. Ce Prince, seul rejeton d'une tige de héros, fut en un instant incarcéré, jugé, fusillé, parce que ses vertus et son nom offusquaient le tyran.

En se rappelant le meurtre du duc d'Enghien, un sentiment d'horreur fait prononcer qu'il faut proscrire jusqu'au nom de commission militaire.

Un assassinat moins connu que celui du duc d'Enghien, mais aussi horrible, fut celui des officiers de la maison de Marie-Louise, infante d'Espagne et reine d'Étrurie.

Cette Princesse, enlevée de ses États par Napoléon, était prisonnière en France, où on affectait de lui faire rendre les hommages dus à une souveraine. Elle tenta de briser ses fers, et chargea un de ses sujets, *son majordome Sassi della Tosa*, de se rendre en Angleterre pour obtenir du Prince-régent l'envoi d'un vaisseau sur les côtes de la Méditerranée, qui pût favoriser son évasion. Elle donna la même mission, pour la Cour de Palerme, à M. Chifenti.

Napoléon fut instruit de ces démarches. Il qualifia d'*intelligences criminelles avec les ennemis de l'État*, la tentative d'une Princesse pour échapper des mains de son geolier. Les deux serviteurs fidèles de la reine d'Étrurie furent donc voués à la mort.

Vainement ces infortunés s'écrièrent qu'ils ne pouvaient être *complices*, puisqu'il n'y avait pas de *principal accusé;* vainement ils s'écrièrent que Marie-Louise était leur souveraine, et qu'ils lui devaient obéissance! Une commission militaire les sacrifia dans Paris, le 24 juillet 1814. *Chifenti* fut exécuté le lendemain, à la plaine de Grenelle. *Sassi* obtint grace de la vie, après avoir été contraint de contempler le supplice de son compagnon d'infortune.

Telle est trop souvent *la justice* (1) des commissions militaires.

---

(1) François Ier visitait, à Marcoussi, le tombeau d'*En-*

Des justices prévotales.

Les justices prévotales, telles que Napoléon les avait établies ou autorisées à l'armée dans les dernières campagnes, étaient à peu près des *commissions militaires*, présidées par un officier de gendarmerie.

Tout ce que nous avons dit contre ces commissions militaires peut donc s'appliquer aux justices prévotales.

Cette institution n'est autorisée par aucune loi, par aucun acte du Gouvernement qui ait été rendu public : il semblerait donc inutile de s'en occuper dans l'examen des règles qui conviennent à l'exercice de la justice militaire.

Mais quelques militaires, surtout ceux qui sont entrés dans la gendarmerie, semblent émettre le vœu du *rétablissement* des *anciennes justices prévotales*.

On ne nous dit pas quel bien ferait une justice prévotale, qui ne puisse être obtenu d'une justice militaire. On dit seulement qu'il faut

---

guerran de Marigny, condamné par une *commission* : « Quel dommage, s'écria François Ier, que la justice ait » fait mourir un si brave homme ! » — Un moine qui lui montrait ce tombeau, lui dit : « Sire, ce n'est point la » *justice*, c'est une *commission*. » (M. *Guichard*, Procès célèbres de la révolution.)

rétablir les anciennes justices prévotales, parce qu'elles existèrent jadis.

Autant vaudrait redemander les antiques *jugemens de Dieu*, ou les anciennes *épreuves par le feu*, et ces institutions auraient même l'avantage d'être plus anciennes que celle qu'on réclame.

Rappelons d'abord ce qu'étaient anciennement les justices prévotales; nous examinerons ensuite si elles conviennent en ce moment.

Sous nos anciens rois, les prévôts de la Connétablie jugeaient à l'armée (1) les crimes et délits militaires (de l'avis des conseils de guerre), et même les délits civils commis par des militaires. Quant aux crimes et délits commis dans l'intérieur par des gens de guerre, ils étaient jugés, savoir, les délits civils par les prévôts de la maréchaussée (2), et les délits militaires par des conseils de guerre (3).

Leurs jugemens étaient rendus sans appel, ni révision, ni cassation.

Les justices prévotales furent abolies par décret de l'Assemblée constituante du 7-11 septembre 1790.

---

(1) Ordonnance de Henri III, de décembre 1584.

(2) Déclaration du Roi, du 5 février 1731.

(3) Ordonnance de Louis XIV, du 25 juillet 1665, et ordonnance de Louis XV, du 1er. mars 1768.

L'article 63 de la Charte royale déclare qu'il n'en sera établi qu'au cas de nécessité.

Bien que l'armée soit soumise à d'autres lois que la masse du corps social, le principe fondamental « que tout Français doit être jugé par » ses juges naturels, est applicable aux militaires » comme aux citoyens non militaires. »

Et puisque la *gendarmerie* est à certains égards distincte de l'*armée*, puisqu'un *soldat* et un *gendarme* ont un état différent, il s'ensuit que l'un n'est pas juge naturel de l'autre.

Aussi la maréchaussée (remplacée par la gendarmerie) avait autrefois ses tribunaux particuliers. L'art. 7 du titre II de l'ordonnance de 1778, sur la maréchaussée, voulait que les délits graves contre la discipline du corps de la maréchaussée fussent réprimés *par un conseil de guerre des officiers du corps de la maréchaussée*. Et cela devrait être.

Si donc il est nécessaire que les soldats ne soient soumis qu'à leurs juges naturels, il ne faut pas qu'on leur donne des juges pris dans le corps de la gendarmerie.

Ajoutons une considération qui doit être puissante.

Il y a dans les habitudes et dans les fonctions du gendarme quelque chose d'*utile*, mais peu apprécié par le militaire ; le soldat ne le voit s'approcher s'approcher de lui qu'avec crainte. Enfin, l'armée aurait la plus grande répugnance pour des juges élus *exclusivement* dans la gendarmerie.

Faut-il d'ailleurs qu'un condamné puisse reconnaître dans le même homme celui qui l'aurait arrêté, qui l'aurait jugé et qui le conduirait au supplice?

La loi et les convenances veulent également que la justice militaire soit rendue par des juges pris dans les rangs de l'armée.

Veut-on de la *célérité* dans les formes de la justice militaire? nous prouverons que des formes célères sont possibles, sans qu'on soit obligé de recourir à d'autres juges.

Veut-on de plus qu'il y ait en *permanence*, au sein des armées, des fonctionnaires *spéciaux* essentiellement destinés à surveiller et à poursuivre le crime? L'idée peut être utile, et nous sommes loin de la repousser.

Mais cet instigateur spécial de la justice militaire doit-il être essentiellement un officier de la gendarmerie?

Nous osons affirmer ici que, dans notre plan sur la composition des tribunaux militaires, nous conserverons ce qui était utile dans les justices prévotales, en évitant avec soin tout ce qu'elles auraient d'inconstitutionnel et d'odieux.

Des formes plus expéditives seraient alarmantes et dangereuses.

Qu'on ne cite pas les désordres, les excès inouis introduits dans les armées à l'époque des dernières campagnes, pour proposer des tribunaux qui procèdent sans aucune règle, et ne sont pour ainsi dire que des *patrouilles*, ayant droit de mort sur tous ceux qu'elles rencontrent.

A cette époque la licence était extrême dans les armées, parce que le défaut d'administration y était absolu.

Nous ne serons plus, j'espère, témoins et victimes de ces grandes catastrophes où des armées innombrables, jetées dans des déserts, sous un climat horrible, sans pain, sans vêtemens, étaient envoyées à la maraude par ordre.

Comment exiger que le soldat à qui l'on vient de commander un crime, reste honnête et modéré dans les actions qui conduisent à son exécution? En allant fouiller les villages pour enlever des vivres et des vêtemens, laissera-t-il à l'habitant ses meubles précieux et son or? et s'il rencontre de l'opposition, n'ira-t-il pas jusqu'au meurtre et à l'incendie?

Une bonne administration dans l'armée la préserve bien mieux de tout désordre que les prévotés les plus expéditives (1).

---

(1) Pendant les cinq années que l'armée d'Arragon, forte à peu près de quarante mille hommes, est restée sous les ordres de M. le maréchal duc d'Albufera, la justice mili-

J'ai dit ce qu'il faut supprimer; voyons ce qu'il faut mettre à la place.

Nouveau plan de justice militaire.

La justice devant être la même pour tous, il ne faut qu'une seule espèce de tribunal militaire.

Mais il faut que le tribunal soit composé en raison du grade du prévenu.

La dénomination de *Conseil de guerre* étant équivoque, nous lui préférons celle de *Cour martiale*.

Une cour martiale, composée de sept juges, serait formée dans chaque gouvernement de l'intérieur, ou chaque division de l'armée, afin de juger tous les militaires, depuis le soldat jusqu'au colonel inclusivement, et depuis l'employé assimilé aux militaires, jusqu'à l'inspecteur aux revues et le commissaire-ordonnateur.

Et pour procéder au jugement d'un maréchal de France (1), d'un officier-général, d'un inspec-

---

taire a eu moins de soldats à frapper, que la justice ordinaire n'atteint de criminels en une seule année, sur une population de quarante mille citoyens.

(1) En parlant de la répression des délits militaires, nous avons été obligés de prévenir toutes les possibilités, même les cas *improbables*.

teur en chef aux revues et commissaire-ordonnateur en chef, nous proposerons une *haute Cour martiale* composée de onze juges (1).

Dans l'une et l'autre de ces Cours, des suppléans seraient nommés pour le cas d'empêchement de quelques-uns des juges.

Observons que la haute Cour martiale n'aura aucune suprématie, aucune autorité judiciaire sur les Cours martiales ordinaires, et que la dénomination de *haute Cour* annonce seulement la supériorité du rang des militaires qui sont ses justiciables.

Ainsi, des règles uniformes détermineront dans les Cours martiales ordinaires, comme dans la haute Cour martiale, l'organisation du tribunal, l'instruction de la procédure, les dispositions pénales et les formes du jugement.

Dans la justice militaire, ainsi que dans la justice ordinaire, tout sera conforme à la maxime constitutionnelle d'après laquelle « les Français » sont égaux devant la loi, quels que soient » d'ailleurs leurs titres et leurs rangs. »

La haute Cour martiale, telle que nous la

---

(1) Les militaires pairs de France sont jugés par la chambre des pairs (art. 34, Charte const.). — Il y aura sans doute aussi une juridiction particulière pour la Maison militaire du Roi.

proposerons, doit remplacer, 1°. la haute Cour dite *impériale*, créée par le sénatus-consulte du 21 floréal an 12, en tant qu'elle connaissait de certains délits militaires : institution que nous avons déjà combattue dans son ensemble et dans ses détails; 2°. les conseils de guerre spéciaux, institués pour juger les généraux en chef, les généraux de division ou de brigade, par la loi du 4 fructidor an 5; 3°. les conseils de guerre spéciaux, institués par la loi du 1er. mai 1812, pour juger les généraux et commandans sur le fait de capitulation.

On conçoit d'abord qu'une si importante destination doit faire entrer dans le sein de la haute Cour martiale, comme *juges naturels*, les chefs de l'armée.

Ainsi doivent être appelés aux fonctions de juges, dans la haute Cour martiale, les maréchaux de France, les lieutenans-généraux, les maréchaux-de-camp de toute arme, et les inspecteurs en chef aux revues et commissaires-ordonnateurs en chef.

Un officier-général devra y exercer le ministère public sous le nom de grand *procurateur militaire*.

Il aura des substituts.

La haute Cour matiale siégera dans la ville

où réside le Roi, à moins que le Roi ne lui indique le lieu de son siége.

Elle ne *s'assemblera* que par ordre du Roi, et sera *dissoute* après le jugement de l'affaire pour laquelle sa convocation aura eu lieu.

Il ne doit y avoir de permanent que le ministère public et le greffier, qui seront nommés par le Roi, sur la présentation du ministre de la guerre.

Les juges de la haute Cour martiale doivent être désignés par le sort, de la manière dont il va être parlé ci-après.

Le ministre de la guerre fait dresser un tableau, 1°. de tous les maréchaux de France employés, ou non employés ; 2°. des lieutenans-généraux et maréchaux-de-camp en activité de service, ou disponibles ; 3°. des inspecteurs en chef aux revues et des commissaires-ordonnateurs en activité de service ou disponibles.

Ce tableau doit être déposé au ministère de la guerre, et entre les mains du grand procurateur, avec des notes indiquant ceux qui seraient dans le cas de *dispense* pour cause d'âge excédant soixante-dix ans, ou d'infirmités habituelles.

Sur ce tableau le grand procurateur, aussitôt qu'il aura reçu par le ministre de la guerre un ordre émané du Roi pour la mise en jugement d'un prévenu, se concertera avec le commandant de la place qui aura reçu des instructions à ce sujet.

L'un et l'autre se rendront à la parade avec le greffier de la haute Cour martiale; et par un tirage fait publiquement, et par chaque grade, ils feront intervenir le sort dans la désignation des officiers qui devront être juges.

Nous allons donner des exemples de la composition de la haute Cour martiale et des Cours martiales ordinaires, suivant les grades et qualités des prévenus (1).

Haute Cour martiale.

Composition.

Pour le jugement d'un maréchal de France.

Six maréchaux (le plus ancien président);
Trois lieutenans-généraux;
Un inspecteur en chef aux revues;
Un commissaire-ordonnateur en chef.

Pour le jugement d'un lieutenant-général.

Trois maréchaux (le plus ancien président);

(1) Si la haute Cour martiale siégeait à l'armée ou dans les camps, il n'y serait appelé que des officiers en activité de service.

Quatre lieutenans-généraux ;
Deux maréchaux-de-camp ;
Un inspecteur en chef aux revues ;
Un commissaire-ordonnateur en chef.

Pour le jugement d'un maréchal-de-camp.

Un maréchal de France, président ;
Quatre lieutenans-généraux ;
Quatre maréchaux-de-camp ;
Un inspecteur en chef aux revues ;
Un commissaire-ordonnateur en chef.

Pour le jugement d'un inspecteur en chef aux revues.

Un maréchal de France, président ;
Trois lieutenans-généraux ;
Quatre maréchaux-de-camp ;
Deux inspecteurs en chef aux revues ;
Un commissaire-ordonnateur en chef.

Pour le jugement d'un commissaire-ordonnateur en chef.

Un maréchal de France, président ;
Trois lieutenans-généraux ;
Quatre maréchaux-de-camp ;

Un

Un inspecteur en chef aux revues;
Deux commissaires-ordonnateurs en chef.

Cours martiales ordinaires.

Composition.

Pour le jugement d'un colonel.

Un lieutenant-général, président;
Deux maréchaux-de-camp;
Un inspecteur aux revues;
Deux colonels;
Un lieutenant-colonel.

Pour le jugement d'un major.

Un lieutenant-général, président;
Deux maréchaux-de-camp;
Un sous-inspecteur aux revues;
Deux majors;
Un lieutenant-colonel.

Pour le jugement d'un lieutenant-colonel.

Un lieutenant-général, président;
Un maréchal-de-camp;
Un colonel;
Un sous-inspecteur aux revues;
Deux lieutenans-colonels;
Un capitaine.

Pour le jugement d'un capitaine.

Un maréchal-de-camp, président;
Un colonel;
Un sous-inspecteur aux revues;
Un lieutenant-colonel;
Deux capitaines;
Un lieutenant.

Pour le jugement d'un lieutenant.

Un maréchal-de-camp, président;
Un colonel;
Un sous-inspecteur aux revues;
Un lieutenant-colonel;
Un capitaine;
Deux lieutenans.

Pour le jugement d'un sous-lieutenant.

Un maréchal-de-camp, président;
Un colonel;
Un sous-inspecteur aux revues;
Un lieutenant-colonel;
Un capitaine;
Deux sous-lieutenans.

Pour le jugement d'un sous-officier ou soldat.

Un colonel, président;

Un sous-inspecteur aux revues;
Un lieutenant-colonel;
Deux capitaines;
Un lieutenant ou sous-lieutenant;
Un sous-officier.

Pour le jugement d'un inspecteur aux revues.

Un lieutenant-général, président;
Deux maréchaux-de-camp;
Deux inspecteurs aux revues;
Deux majors;

Pour le jugement d'un sous-inspecteur aux revues.

Un lieutenant-général, président;
Un maréchal-de-camp;
Un inspecteur aux revues;
Un sous-inspecteur aux revues;
Deux majors;
Un lieutenant-colonel.

Pour le jugement d'un commissaire-ordonnateur.

Un lieutenant-général, président;
Deux maréchaux-de-camp;
Un colonel;

Deux commissaires-ordonnateurs;
Un lieutenant-colonel.

Pour le jugement d'un commissaire des guerres.

Un maréchal-de-camp, président;
Un colonel;
Un commissaire-ordonnateur;
Un lieutenant-colonel;
Un commissaire des guerres;
Deux capitaines.

Pour le jugement d'adjoints aux inspecteurs aux revues.

Un colonel, président;
Un sous-inspecteur aux revues;
Un major;
Un lieutenant-colonel;
Un adjoint aux inspecteurs aux revues;
Deux capitaines.

Pour le jugement d'un adjoint aux commissaires des guerres.

Un colonel, président;
Un major;
Un lieutenant-colonel;
Un commissaire des guerres;

Un adjoint aux commissaires des guerres ;
Un capitaine ;
Un lieutenant.

Pour le jugement des chefs et employés dans les divers services, depuis l'emploi le plus élevé jusqu'à celui de directeur inclusivement, la Cour martiale sera composée comme il a été réglé pour juger un commissaire des guerres.

Pour le jugement des employés, depuis l'emploi d'inspecteur jusqu'à celui de garde-magasin inclusivement, la Cour martiale sera formée comme pour juger les adjoints aux commissaires des guerres.

Pour le jugement des employés, depuis l'emploi de garde-magasin inclusivement jusqu'à celui d'*ouvriers*, dans un service quelconque de l'administration de l'armée, la Cour martiale sera formée comme pour juger un sous-officier et un soldat; seulement un commissaire des guerres y remplacera, dans ce cas, l'un des deux capitaines qui font partie de cette Cour martiale.

Lorsque les militaires de l'arme de la cavalerie, de l'artillerie, du génie, seront mis en jugement, il y aura nécessairement dans le tribunal un certain nombre de juges de leur arme, ainsi qu'il sera déterminé.

Si plusieurs militaires sont prévenus d'un même

délit, la Cour qui devra les juger sera composée à raison du rang du militaire le plus élevé en grade : et il aura fallu, pour leur mise en jugement, l'intervention de l'autorité compétente d'après cette règle.

Si des bourgeois sont prévenus de complicité avec des militaires, ils seront assimilés, pour le rang, au militaire, leur complice, du grade le plus éminent; et leur mise en jugement, ainsi que la composition de la Cour qui les jugera, seront déterminées d'après ce principe.

Si des bourgeois sont traduits devant la justice militaire, dans les cas et pour des délits que nous avons spécifiés, sans avoir pour co-accusés des militaires, l'autorité qui devra les mettre en jugement, et la Cour chargée de prononcer sur leur sort, seront celles voulues pour le jugement d'un commissaire des guerres.

On a dû observer que dans la haute Cour, comme dans les Cours martiales ordinaires, les juges seront toujours (au moins en grande majorité) les supérieurs ou les égaux en grade du militaire qu'ils devront juger, et que nécessairement un nombre déterminé de ces juges sera du grade ou emploi du prévenu.

Les Cours martiales ordinaires (ainsi que nous l'avons déjà dit) seront chargées de juger tout militaire qui ne sera pas justiciable de la haute Cour martiale.

Pour les Cours martiales ordinaires, comme pour la haute Cour martiale, les juges seront désignés par le sort, publiquement et à la parade.

Nous indiquerons plus particulièrement de quelle manière il devra être procédé à ce tirage, et nous proposerons, relativement à ces Cours martiales ordinaires, un mode spécial pour la formation du tableau des candidats juges. Ce mode sera calculé de manière que, dans chaque division, il y aura toujours facilité pour composer le tribunal, et qu'il n'y sera appelé que des juges d'une aptitude reconnue ou d'une aptitude suffisamment présumée.

Les Cours martiales destinées à juger les officiers seront spécialement formées et speciale-ment convoquées; mais les Cours martiales instituées pour juger les sous-officiers et les soldats, étant appelées à exercer plus fréquemment leur jurisdiction, et ayant toujours la même composition, seront *permanentes*.

L'exercice de la vindicte publique, ou le ministère public, auprès des Cours martiales ordinaires, sera confié à un *procurateur divisionnaire, élu par le ministre de la guerre*, parmi les colonels, les majors, ou lieutenans-colonels employés à l'état-major du gouvernement (dans l'intérieur), et de la division (à l'armée), et à un procurateur régimentaire élu par les capitaines des régimens d'après des formes qui seront réglées.

Ces fonctionnaires doivent être permanens, et n'être amovibles que par suite de leur avancement.

On leur donnera des substituts.

Le procurateur divisionnaire fera l'instruction et portera la parole devant les Cours martiales chargées de juger les officiers supérieurs et ordinaires, les inspecteurs, sous-inspecteurs aux revues et adjoints, et les commissaires-ordonnateurs, commissaires des guerres et adjoints.

Le procurateur régimentaire exerce les mêmes fonctions devant les Cours martiales chargées de procéder au jugement des soldats et sous-officiers, et des employés qui sont placés sur la même ligne.

Les procurateurs régimentaires seront sous la surveillance du procurateur divisionnaire.

Ainsi, pour les Cours martiales ordinaires, comme pour la haute Cour martiale, le ministère public sera *un* et sous l'*œil* du Roi.

Il

Il aura toute la célérité, toute l'énergie desirable, sans qu'il soit besoin de recourir ni à des officiers de gendarmerie, ni à des *magistrats non militaires.*

Il ne suffit pas que la *composition* des tribunaux militaires offre toute garantie à la vindicte publique et aux prévenus ; il faut encore que la même garantie se retrouve dans l'action de la justice militaire et dans l'*instruction* de la procédure.

Pour régler l'action première de la justice militaire, nous avons combiné le besoin d'atteindre rapidement le crime, avec le devoir d'éloigner toute légéreté ou précipitation dans la *mise en jugement.*

Il est si malheureux pour l'homme innocent de subir une injuste détention et l'épreuve d'une instruction criminelle !

Les maréchaux de France, officiers-généraux, inspecteurs en chef aux revues, commissaires-ordonnateurs en chef, ne seront mis en jugement que sur un ordre *émané* et *signé du Roi.*

Les officiers supérieurs, inspecteurs et sous-inspecteurs aux revues, commissaires-ordonnateurs, ne devront être mis en jugement que sur un ordre *émané* et *signé* du ministre de la *guerre.*

Les officiers, les commissaires des guerres et leurs adjoints, les adjoints aux inspecteurs des revues, les employés de l'administration (jusques aux fonctions de garde-magasin inclusivement), ne seront mis en jugement que d'après un ordre émané et signé du général en chef à l'armée, et du gouverneur-général dans l'intérieur.

Les sous-officiers et soldats, et les employés de l'administration (ouvriers) ne doivent être mis en jugement que d'après l'ordre émané et signé du lieutenant-général commandant la division.

Cette *autorisation*, nécessaire pour la mise en jugement, ne doit empêcher ni le grand procurateur, ni les procurateurs divisionnaires, ni les procurateurs régimentaires, de faire d'office tous procès-verbaux et de prendre toutes informations nécessaires pour constater les délits.

Mais ils s'adresseraient, pour l'arrestation du prévenu, à l'officier commandant dans le lieu où se trouverait le prévenu; et si le prévenu avait pris la fuite, au ministre de la guerre.

L'officier commandant autoriserait cette arrestation s'il était plus élevé en grade que le prévenu : et dans le cas contraire on aurait recours à l'autorité d'un commandant plus élevé en grade, et le plus voisin.

Dans le cas de *flagrant délit*, tout supérieur d'un militaire peut ordonner son arrestation, à charge d'en rendre compte de suite à qui de droit.

En parlant de la mise en arrestation, il importe de rappeler que jamais l'état d'arrestation d'un prévenu ne doit le placer à côté des criminels condamnés à la détention ou à la réclusion.

Et quel que soit le délit dont un officier serait prévenu, il doit suffire de le tenir aux arrêts forcés avec sentinelle, jusqu'à *sa mise en jugement.*

Prenons garde qu'il ne reste pas d'équivoque dans le sens de l'expression *mise en jugement.*

Lorsqu'un délit militaire aura été commis, il devra être fait des poursuites contre les auteurs de ce délit.

Ces poursuites seront faites d'office par le grand procurateur, ou par le procurateur divisionnaire, ou par le procurateur régimentaire; ou bien elles seront ordonnées, soit par le Roi, soit par le ministre de la guerre, soit par le général en chef à l'armée, soit par le gouverneur dans l'intérieur, soit par le commandant de la division à l'armée.

Mais cette action première de la justice militaire n'est pour ainsi dire que l'action de la *police militaire judiciaire* : elle ne consiste qu'à constater le délit, recueillir des renseignemens, s'assurer du prévenu et connaître ses moyens de défense.

Ce n'est qu'après ces préliminaires observés, que doit avoir lieu *la mise en jugement*, en connaissance de cause; c'est alors seulement qu'il doit être donné ordre de traduire le prévenu devant la *Cour martiale* compétente et de la convoquer.

Ainsi, *l'ordre de poursuivre un délit* sera autre chose que la *traduction à la Cour martiale*.

Et une Cour martiale ne pourra s'occuper du jugement d'un prévenu, s'il n'existe préalablement un ordre à ce sujet, émané de l'autorité compétente, régulièrement expédié, et donné à la vue des procès-verbaux, informations et interrogatoires. Cet ordre est celui de la convocation même.

Nous sentons bien que cette communication de procès-verbaux, informations et interrogatoires, faite à l'autorité supérieure *avant la convocation d'une Cour martiale*, pourra donner lieu à quelques lenteurs, quand il s'agira d'obtenir un ordre du Roi ou du ministre de la guerre; mais ces cas seront toujours très-rares, et le jugement d'un officier-général et supérieur n'est jamais d'une telle urgence, qu'il faille renoncer à des formes tutélaires. Elles préserveront le prévenu de subir l'humiliation d'une instruction criminelle, lorsque son innocence sera déjà suffisamment apparente.

Songeons d'ailleurs que, dans notre système, tous jugemens des Cours martiales sont souverains, sans appel, ni révision, ni cassation; qu'ils doivent être exécutés sur-le-champ; qu'ainsi on ne saurait trop multiplier les précautions pour la sûreté individuelle.

Les Cours martiales ne doivent point connaître des *intérêts civils*, même accessoirement aux condamnations pénales.

Ni la discipline de l'armée, ni l'honneur des militaires ne sont intéressés à ce que la justice ordinaire cesse de prononcer sur les contestations élevées entre des hommes d'épée pour intérêts pécuniaires.

La procédure militaire doit être essentiellement sommaire : il ne peut y avoir diversité d'opinions à cet égard.

Le ministère public sera, comme nous l'avons déjà dit, en permanence de fonctions.

Il fera les poursuites contre les auteurs de

délits militaires, dans les cas prévus, et conformément aux règles que nous avons indiquées.

Il établira la culpabilité du prévenu, veillera à l'observation des formes, et devra recueillir, contre le coupable, l'application de la peine prononcée par la loi.

L'EXPÉRIENCE a prouvé que de telles fonctions exigent des études particulières et une application constante.

Afin que le militaire à qui ces fonctions sont confiées puisse s'y consacrer entièrement et avec efficacité, il ne faut point que son emploi soit temporaire.

DANS les affaires compliquées, et lorsqu'il s'agira d'un délit commun non classé au Code pénal militaire, l'officier chargé du ministère public, et le président de la Cour martiale, pourront s'entourer de jurisconsultes ou d'hommes renommés par leurs connaissances en administration, mais seulement à *titre consultatif.*

LE prévenu aura la faculté d'écarter un juge sur sept, et deux sur onze, par la voie de récusation péremptoire, sans donner de motifs.

Il ne pourra récuser le ministère public.

Les juges récusés seront remplacés par les suppléans dont nous avons parlé, et qui seront toujours convoqués pour siéger au besoin.

Nulle autre récusation ne serait ni admise ni exécutée.

Les militaires traduits devant la haute Cour martiale, ou devant les Cours martiales ordinaires, ne peuvent décliner la jurisdiction du tribunal pour cause d'incompétence. L'autorité qui les a mis en jugement, et qui a désigné la Cour chargée de les juger, a pu décider suffisamment, par rapport à eux, la question de compétence.

Mais si des prévenus prétendent n'être ni militaires, ni devoir être assimilés à des militaires, ni se trouver complices de militaires, ni avoir commis un délit militaire, la Cour martiale devra rendre un jugement préalable sur la compétence avant de passer à l'examen du fond.

Lorsque l'exception pour incompétence sera reconnue admissible par deux juges, il sera sursis au jugement du prévenu. Toutes pièces seront adressées de suite au ministre de la guerre, qui, de concert avec le chancelier de France, fera un rapport au Roi, afin que Sa Majesté détermine en son Conseil d'État quel sera le tribunal qui devra connaître de l'affaire.

Si l'exception d'incompétence est rejetée à

la majorité de six voix, il sera procédé de suite au jugement du prévenu.

Le citoyen non militaire aura donc la double garantie, que s'il est jugé par une Cour martiale, la composition de cette Cour sera pour ainsi dire *mixte*, puisqu'elle sera formée comme s'il s'agissait de juger un commissaire des guerres, et que l'incompétence sera déclarée, si les deux juges appartenans à l'*administration militaire* le déclarent non justiciable de cette jurisdiction.

Une troisième garantie résulterait, dans l'intérieur, du droit que pourrait avoir la justice criminelle ordinaire de revendiquer les justiciables.

Et s'il pouvait jamais s'élever un conflit entre une Cour martiale et une Cour de justice criminelle, il n'appartiendrait point à la Cour de cassation de prononcer sur ce conflit, parce qu'elle n'a aucune suprématie sur les tribunaux militaires. Le Roi seul, de qui émane toute justice, rendrait une ordonnance en réglement de juges, et cette ordonnance serait précédée, ainsi que nous l'avons déjà indiqué, d'un rapport concerté entre le ministre de la guerre et le chancelier de France.

Nous savons qu'on s'alarme généralement de la souveraineté de la justice militaire, surtout lorsqu'elle prononce sur sa propre compétence. Nous savons qu'on pourrait citer des autorités

torités graves et respectables contre ce que nous venons de proposer.

Nous n'ignorons pas que, dans les règles ordinaires, les jugemens des Cours d'appel non soumis à l'appel et à la cassation, doivent être précédés d'un jugement de compétence, dont la confirmation est avant tout nécessaire, alors même que l'incompétence n'a pas été proposée.

Telle était la disposition de l'ordonnance de 1670, titre Ier., art. 15, d'après laquelle le présidial jugeait la compétence de la prévoté.

C'est aussi la disposition de l'article 569 du Code d'instruction criminelle, qui soumet à la confirmation de la Cour de cassation les arrêts de compétence rendus par les Cours de justice criminelles.

La Cour de cassation s'est toujours crue autorisée à casser, pour excès de pouvoirs, les jugemens des tribunaux militaires, prononcés contre des bourgeois pour délits non militaires.

Cette autorisation lui était donnée par la loi du 21 fructidor an 4, relative aux commissions militaires; et si la loi du 13 brumaire an 5 n'admet pas la voie de cassation pour incompétence, c'est parce qu'elle y supplée au moyen des conseils de révision, qui se trouvent exclus dans notre système.

Nous avons apprécié ces considérations sans les admettre comme entièrement déterminantes, et nous avons cherché à concilier, autant que possible, les droits du citoyen avec ce qu'exige la sûreté de l'armée, surtout en temps de guerre.

La publicité des audiences des tribunaux militaires doit être entière.

Dans la haute Cour martiale, composée de onze juges, cinq voix pour la non-culpabilité feront prononcer l'absolution.

Dans les Cours martiales ordinaires, composées de sept juges, trois voix en faveur du prévenu suffiront pour l'acquitter.

Lorsque, pour l'application de la loi pénale, les voix seront partagées, l'avis le plus favorable sera suivi et formera le jugement; si toutefois il réunit quatre suffrages dans la haute Cour martiale, et trois suffrages dans les Cours martiales ordinaires.

Pour mieux assurer la liberté du suffrage de l'inférieur, le vote des juges sera écrit, secret, jeté dans une urne en présence du président, et dépouillé ensuite par lui en présence de tous les juges.

Les jugemens de toute Cour martiale, portant condamnation, seront souverains, et devront être exécutés dans les vingt-quatre heures.

Il n'y aura lieu à sursis que dans le cas de présomption de grace, auquel cas l'exécution du jugement sera suspendue.

Le Roi seul peut faire grace.

Il y aura présomption de grace,

1°. Lorsque la Cour martiale, qui aura jugé, en aura émis le vœu formel, en indiquant ses motifs ;

2°. Lorsqu'il y aura condamnation à la peine de mort ou des fers, et que deux voix sur sept, ou trois sur onze auront déclaré l'accusé non coupable.

Dans l'une et l'autre de ces hypothèses, le jugement et toutes les pièces de la procédure seront adressées de suite au ministre de la guerre, pour présenter à Sa Majesté un rapport sur le recours en grace.

Plus la justice militaire est expéditive, plus il faut réserver de chances à l'innocence, sans cependant autoriser l'arbitraire dans les juges, auxquels il ne sera jamais *permis de commuer* les peines établies par la loi.

Le recours en grace étant la seule voie ouverte contre les jugemens militaires contradictoires (1),

(1) Nous croyons inutile de parler ici des jugemens rendus par contumace ; on est généralement d'accord sur les règles à suivre à cet égard.

puisqu'ils ne sont assujettis à l'appel, révision ni cassation, il sera interdit à tous corps, à tous magistrats de la justice ordinaire, de connaître *des jugemens militaires*, à peine de forfaiture.

La justice gracieuse du Prince pourra consoler le malheur et rétablir l'innocence sans jeter la défaveur sur les décisions souveraines d'une Cour martiale, avantage éminent pour l'armée, qu'il faut absolument lui conserver.

Haute Cour de discipline.

Parmi les militaires, comme parmi les autres citoyens, il importe que les mœurs soient le supplément des lois.

Jadis nous avions un tribunal du point d'honneur, où siégeaient les maréchaux de France.

Cette ancienne institution avait pour principal, et presque pour unique objet, de prévenir les querelles et les duels.

Nous pensons que l'institution nouvelle doit avoir un objet plus étendu.

Elle sera pour tous les officiers de l'armée, un tribunal de famille, un tribunal paternel, surveillant de l'honneur.

Cette institution, conforme à notre caractère,

à nos mœurs, au génie de la nation, n'est pas entièrement nouvelle parmi nous, et sera exclusivement française.

Elle deviendra un intermédiaire de conciliation entre les chefs de l'armée, quelle que soit la nature de leur mésintelligence; elle exercera sur les officiers le pouvoir de censure pour tout ce qui ressortira de l'honneur.

Elle fera donner une satisfaction convenable à l'inférieur maltraité par des paroles offensantes, sans que la discipline puisse souffrir de cette réparation.

Elle fera rougir et contraindra à l'excuse, le supérieur qui aurait vu, dans le droit de punir, le droit d'injurier, en substituant à la punition de la loi l'outrage de l'homme.

Une telle mesure est malheureusement devenue indispensable et urgente.

Ce n'est ni dans l'ordonnance de 1679, ni dans le réglement des maréchaux de France, du 22 août 1653 et du 22 août 1679, que nous trouverions le modèle de l'institution proposée.

Ce serait plutôt dans les réglemens de police intérieure, adoptés par les compagnies ou corporations les plus distinguées du royaume.

Des *chambres* (que je vais nommer *comités de discipline*) veillent sans cesse sur l'honneur de chacun des membres de ces compagnies.

Si l'un d'eux méconnaissait les droits de sa profession, s'il manquait à la délicatesse, suivant la gravité de la faute, le comité le rappellerait à l'ordre, prononcerait contre lui une censure simple ou avec réprimande, le priverait de voix délibérative, lui interdirait l'entrée de la chambre, ou romprait enfin avec lui tout lien de fraternité.

Cette espèce de justice intérieure a plus d'efficacité encore que la justice des tribunaux ; elle ne s'administre point par la voie des huissiers, mais par celle de l'opinion : c'est elle, et non les gendarmes, qui enchaîne le coupable.

Les comités de discipline ne se bornent point à prononcer sur les manquemens aux devoirs d'État. Tout ce qui intéresse l'honneur d'un confrère est réputé pouvoir se réfléchir sur la corporation.

Un membre de la compagnie a-t-il des dettes appelées *criardes*, le comité lui impose comme un devoir rigoureux de les acquitter, et de ne plus encourir la déconsidération attachée à l'inconduite.

S'il s'expose à la contrainte par corps, en souscrivant des lettres de change, la monition est bien plus sévère.

Lorsqu'il est menacé d'un procès qui pourrait produire du scandale, le comité se place entre lui et son adversaire, et presque toujours il termine la contestation.

A-t-il des procédés repréhensibles envers son père, sa femme et ses enfans, même intervention, avec les ménagemens dus aux secrets de famille; et rarement cette intervention est sans succès.

Et s'il descend à quelque action basse, dégradante, le comité le force à s'amender ou le rejette.

Les membres de ces compagnies libérales sont, pour ainsi dire, constamment dirigés et soutenus dans le sentier de l'honneur par les soins paternels d'un comité de discipline. Il y a plus, cette police intérieure et d'opinion s'exerce dans la plus haute magistrature, encore qu'il n'y ait pas de réglemens positifs.

Telle est à peu près l'institution que nous desirerions parmi les militaires, en l'appropriant à leurs mœurs, à leurs habitudes, à leurs préjugés.

Nous ne proposons donc point l'ancien tribunal du *point d'honneur*, mais une HAUTE COUR DE DISCIPLINE MILITAIRE.

Et parce que beaucoup de personnes semblent provoquer le rétablissement de l'ancien tribunal du point d'honneur, nous devons faire remarquer que ce rétablissement est impraticable.

Nous avons déjà observé que l'ordonnance de 1679, règle fondamentale du tribunal du point d'honneur, a pour principal objet de prévenir les duels.

Aujourd'hui les lois, l'opinion et les usages ont tout réglé à cet égard; il serait indiscret au législateur de s'en occuper.

L'Article 5 de cette ordonnance de 1679, sur les duels, prescrit de garder le respect convenable à chacun, selon sa qualité, sa dignité et son rang.

La disposition désigne principalement les gentilshommes et les gens de guerre.

De nos jours on entend que les signes de respect ne sont dus aux gens de guerre, les plus éminens en grade, que de la part de leurs subordonnés, et que pour tous les autres citoyens, le tribut est volontaire.

On pourrait encore moins appliquer la disposition de l'ordonnance aux gentilshommes, puisqu'il a été déclaré que la noblesse française sera sans privilége.

L'Article 3 veut que « tous ceux qui assisteront ou se rencontreront, quoique inopinément, aux lieux où se commettront des offenses à l'honneur, soit par des rapports ou discours injurieux, soit par manquement de promesse

» promesse ou parole d'honneur, soit par dé-
» mentis, coups de main ou autres outrages,
» de quelque nature qu'ils soient, seront à
» l'avenir obligés d'*avertir* ou les maréchaux
» de France, ou les gouverneurs-généraux,
» ou, etc. »

Nulle puissance ne saurait mettre en honneur l'office de dénonciateur.

Les articles 5 et 6 autorisent les maréchaux de France à décider, par jugemens souverains, tous différens concernant un point d'honneur ou réparation d'offenses, avec autorisation d'infliger la peine de prison, bannissement ou amende.

Mais aujourd'hui aucun tribunal ne peut infliger une peine *correctionnelle*, *afflictive ou infamante*, si elle n'est pas établie par la loi.

Et si, pour l'officier français, il suffit d'intéresser l'honneur, s'il suffit des peines d'opinion pour réparer des torts et des fautes de conduite, pourquoi parler d'amende, de bannissement, dans un Code de justice paternelle sur l'honneur militaire? Ne plaçons de telles dispositions que dans le Code pénal, qui doit réprimer le crime.

Quels seront les membres de la haute Cour de discipline militaire? Les maréchaux de France en sont les juges naturels.

Le doyen des maréchaux la préside.

Il la convoque, toutes les fois qu'il le juge nécessaire, d'après les pièces et réclamations qui lui auront été transmises, et sur lesquelles la Cour aurait à décider.

Il ne peut être pris de décision s'il n'y a au moins cinq maréchaux présens à la séance.

Le ministre de la guerre rend exécutoires, sur-le-champ, les décisions de la haute Cour de discipline militaire ; et les ordres d'exécution sont expédiés *dans l'intimité du cabinet*.

Tout officier, quel que soit son grade, qui se refuserait à exécuter les mesures de police prises à son égard par la haute Cour de discipline, serait censé avoir renoncé, par cela seul, à l'activité de service.

Le moteur principal de la haute Cour de discipline militaire doit être naturellement le grand procurateur de la haute Cour martiale. La nature et la permanence de ses fonctions, ses relations habituelles, le lieu de sa résidence, le portent nécessairement à cet emploi.

Nous terminons ici nos réflexions sur une institution que tous les vœux appellent sous différentes formes. Nous nous occuperons de tous les réglemens de détail, si l'établissement de cette institution est adopté et consacré en principe.

DU CODE PÉNAL.

Nous venons d'indiquer des moyens conservateurs de l'honneur militaire. Nous aurons à parler maintenant des peines correctionnelles, et des peines afflictives et infamantes qui forment le Code pénal militaire.

Nous aurons à démontrer que les peines prononcées par nos lois militaires actuelles sont mal calculées, mal réglées, et, dans plusieurs cas, insuffisantes.

Il est facile de s'apercevoir que beaucoup de ces lois ont été faites par des hommes étrangers à la profession des armes, et qu'elles ont reçu le sceau de la bourgeoisie.

En remontant aux ordonnances de François Ier., du 24 juillet 1534, et de Henri II, des 20 mars 1550, 23 décembre 1553 et 20 mars 1557, nous y puiserons de sages maximes et d'utiles dispositions.

Nous trouverons dans l'ordonnance du 25 mars 1776, attribuée à M. de Saint-Germain, des moyens efficaces pour le maintien de la discipline, pour accroître les lumières du militaire français, et entretenir sa franchise et sa générosité; mais nous aurons soin d'en faire disparaître tout ce qui est avilissant pour le soldat, et lui serait insupportable.

Nous disons, d'avance, que nous établirons une différence dans la punition de certains délits, selon le grade du coupable et les circonstances où le crime aura été commis.

Dans l'état militaire, le même délit a des résultats bien différens ; la loi doit suivre ces nuances.

Le manquement d'un sous-lieutenant envers un lieutenant ne peut être comparé à celui d'un soldat à l'égard de son capitaine.

Cependant la loi n'établit aucune distinction à cet égard ; elle ne reconnaît qu'un supérieur et un inférieur ; mais ces dispositions, adoptées à des époques de confusion et d'erreurs, doivent être bannies de notre Code.

Nous sommes également d'avis qu'un acte d'indiscipline étant bien plus grave dans le *service* que hors du *service*, il doit être différemment puni.

Nous pensons que l'attentat commis par un militaire, à qui l'État n'a confié des armes que pour sa défense, doit être réprimé par des peines plus terribles que le même attentat dont se serait rendu coupable un citoyen ordinaire.

Ces considérations seront l'objet d'un secoud rapport. Avant de le présenter, avant de continuer à nous livrer à des occupations qui ont si peu d'analogie avec les habitudes des camps, nous soumettons cet essai à l'autorité du ministre de la guerre, à l'opinion des chefs de l'armée, et à celle de nos camarades : c'est par eux que nous apprendrons si l'espoir d'être utile au service du Roi et à la cause de la patrie, n'a été en nous que l'illusion d'un cœur français.

Général F. FOURNIER.

TABLE DES MATIÈRES.

Réflexio

FIN DE LA TABLE.

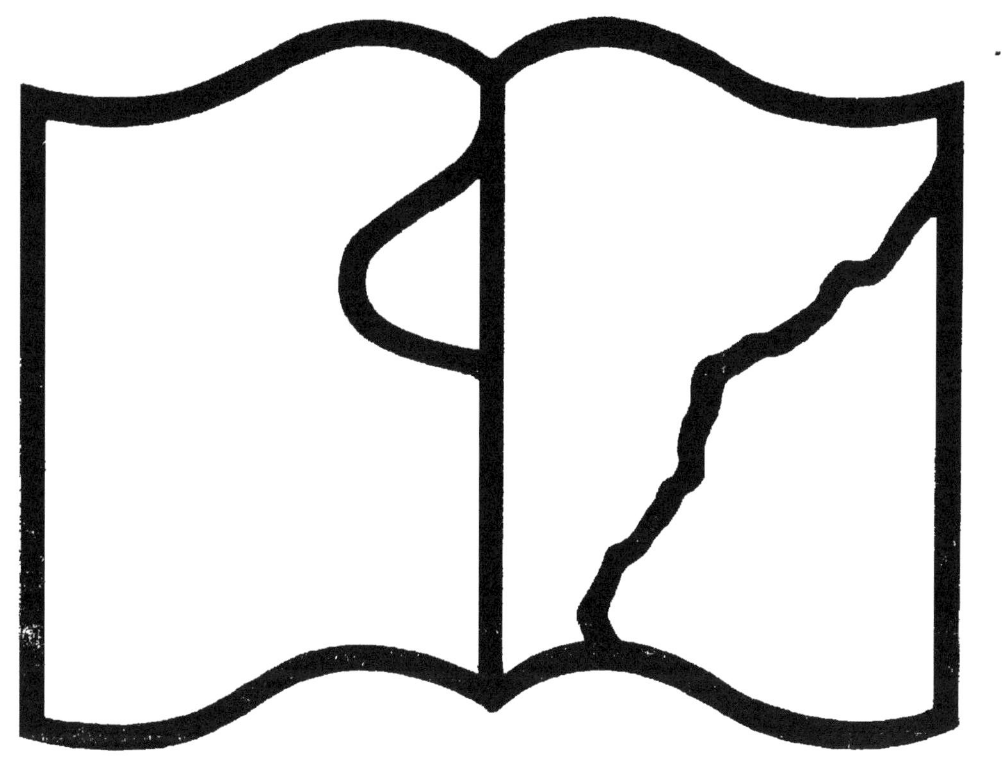

Texte détérioré — reliure défectueuse

NF Z 43-120-11

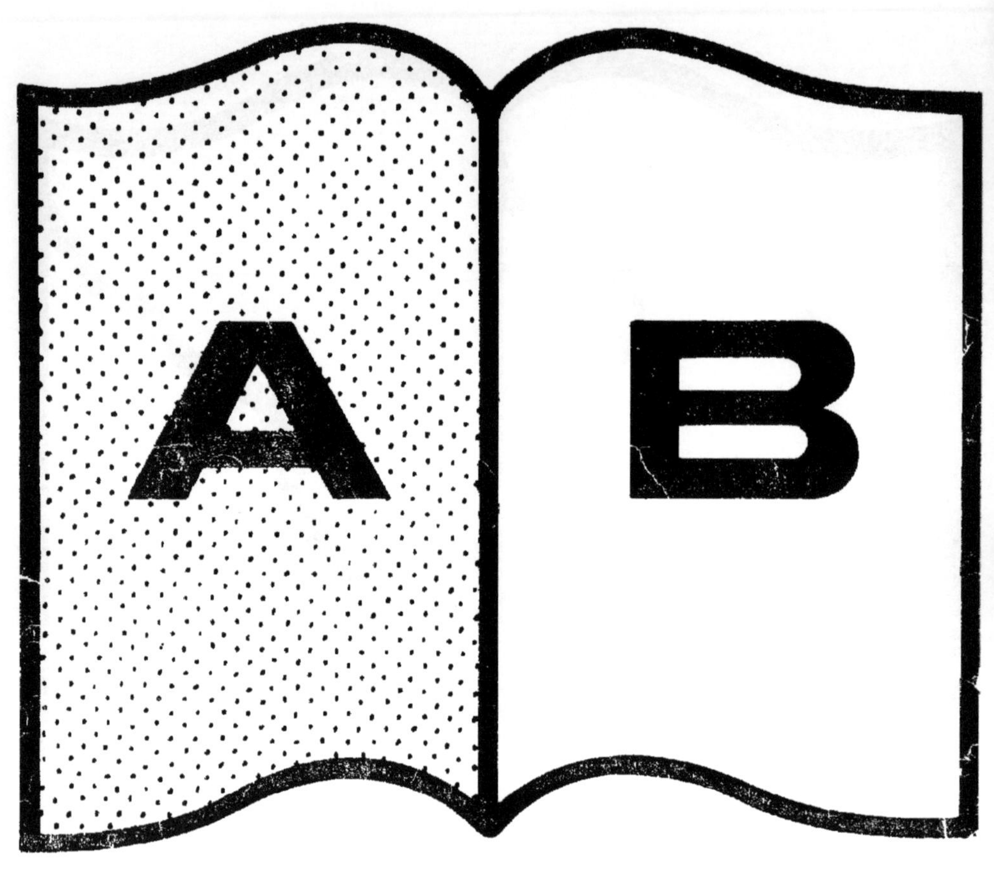

Contraste insuffisant

NF Z 43-120-14

www.ingramcontent.com/pod-product-compliance
Ingram Content Group UK Ltd.
Pitfield, Milton Keynes, MK11 3LW, UK
UKHW020330230726
13925UKWH00002B/730